黄文雄
Kou Bunyu
渡邉哲也
Watanabe Tetsuya

China Apocalypse

中国黙示録

未来のない国の憐れな終わり方

ビジネス社

まえがき　余命わずかに突入した中国経済

本年に入ったばかりの一月四日、中国の株式バブルが再び崩壊した。中国バブル崩壊の第二弾がついに到来したのである。

昨年一一月に上梓した『余命半年の中国経済』（ビジネス社刊）のなかで、バブルが崩壊し実体経済へ影響をおよぼすのは約半年後と記した。中国の株式バブルが明確に崩壊したとマーケットが認知したのは昨年七月八日であった。そのちょうど半年後にあたるのが一月八日だったから、半年後の四日前倒しで中国の株式市場は大崩壊を起こしたことになる。

これに合わせるがごとく中国政府は、株式相場の急落時に取引停止する「サーキットブレーカー」制度を今年一月一日から、つまり実質的には株式市場がスタートする一月四日から導入した。

なんたる皮肉といおうか、この日に上海株はストップ安、さっそくこのサーキットブレーカー制度が発動され、マーケットはクローズすることになった。さらに中国株は海外ヘッジファンドの波状攻撃に晒され、株価は二七〇〇ポイント台を割るところまで再び下落した。

いったい、この背景には何が控えていたのだろう。

実は昨年一二月、中国の人民元マーケットに大きな〝変化〟が起きていた。これは人民元のオフショアと呼ばれる香港マーケットと、オンショアと呼ばれる人民元の中国国内マーケットとの間で人民元価格が乖離し、オフショア（香港）のほうが安い状態が発生していたのであった。

つまり、外国人投資家たちは中国の人民元相場に疑念を呈し、また中国国内の投資家、国内の資本グループも継続的に人民元の売り逃げを図ってきたのだ。

昨年、中国からキャピタルフライト（資本逃避）した金額は大手シンクタンクの統計によって少なくとも一兆ドル以上とされているが、この資金流出が止まらない状況が続いてきた。これを中国当局は株価維持政策ＰＫＯ（プライス・キーピング・オペレーション）と為替介入によって必死に誤魔化してきたわけだが、これがついに限界に至ったのが一月の暴落ということになるのだろう。

この間、二〇一四年六月に三・六兆ドルあった中国の外貨準備高は、七〇〇〇億ドルの減額をみた（昨年一二月時点）。外貨準備とはあくまでも為替介入に使う資金であって、それ以上の資金が中国から海外に流出している。このキャピタルフライトの大半は、当然、中国の国内資産を売却したマネーである。つまり株式が民間の手から、中国政府の手へとどんどん移っていったのが実態であった。

中国当局は、相場安定のために導入したサーキットブレーカー制度が予想どおりの効果を発揮しなかったとして、同制度を停止した。

同時に、中国当局は人民元売却に対する規制を強化した。昨年一二月三〇日には外資系銀行三行（ドイツ銀行、スタンダードチャータード銀行、シンガポール華僑系銀行）の為替銀行業務（スポットポジション清算およびクロスボーダー、オンショア、オフショアに関するサービス）を今年三月末まで禁じた。また、中国の国内銀行に対しても昨年一二月を上回るドル買いを禁止する命令を出し、人民元の安定を必死に行っていたが、これもオフショアという巨大ホールの前には無力であったといえよう。

以上のような経緯を経て、人民元と為替が連動して暴落する構図が生まれるに至った。

株式チャート、為替チャートを眺めてみると、大きな下落とともに巨大な売買高の波に襲われるパターンがみられ、大手外資および大手金融機関がマーケット

余命わずかに突入した中国経済

からどんどん抜けていく状態になっている。

この間も中国当局は三〇〇〇、二八〇〇、二七〇〇とさまざまな防衛ラインを策定して、株価の維持に努めていたのであるが、当局の防衛ラインに合わせる形で大量の売りが出て、逆に当局が大量に買い上げるという状況を招き、為替介入もＰＫＯ介入もそろそろ限界に達しつつある。

このような当局の防衛策がひとつの現象を生み落としたという事実を見逃してはならない。

国内の為替市場、株式市場に介入するため、当局は膨大な外貨を必要とするわけで、この外貨をどのように用意しているかという点に注目する必要がある。

中国の外貨準備とは、実はほとんどが国有銀行の保有分であって、実際に国家及び中央銀行が保有しているものではない。たとえば中国政府は昨年一〇月、外貨売りに対して二〇％の外貨リスク準備金（ドル）を人民銀行に引き当てるよう命じた。

ところがこれも外貨準備に含まれるわけで、どのような形で集めた資金であれ外貨である以上、外貨準備に含まれることから、実際に中国当局が使える外貨は一兆ドル以下になっているのではないかといわれている。これを立証するものとして、昨年九月、日本国債が中国投資家により大量売却された事実がある。

またこのような過程で起きたのは、中国の国有銀行や国有ファンドが保有資産を海外投資から中国国内投資への切り替えを迫られるということであった。投資金額が決まっている以上、彼らが外国資産を売却し、国内資産を購入する動きは至極当然で、そうしない限り資金がショートするからである。

そうなると、中国が保有する資産分、資金量が減っていったマーケットと中国株との連動性は必然的に薄れていく。

なぜ中国の株価が下がると世界の各市場の株価が下がる、連れ安になるのかといえば、中国人および中国関連企業、また資金ショートした中国の国有ファンドなどが諸外国にプールしていた金融資産を売却して資金補塡をするためである。したがって中国人の保有率が低くなったマーケットからは、中国株との連動性は徐々にフェイドアウトしていくことになる。

昨年七月、八月、九月の三か月間の間でも株価の連動と株価の非連動が繰り返し行われていた。これが今回の株式相場崩壊の第二弾によってさらに一歩進んだわけである。

だからこそ米国政府は利上げに対して強気であり、中国の株価が変動したとしても、米国株式マーケットにはそれほど大きな影響は与えないと示しているわけだ。当然日本の株式マーケットに対しても、現在こそ影響は大きいものの、実際にはその連動性は徐々にではあるが低下している。

渡邉哲也

第1章　ご都合主義国家・中国のメルトダウン

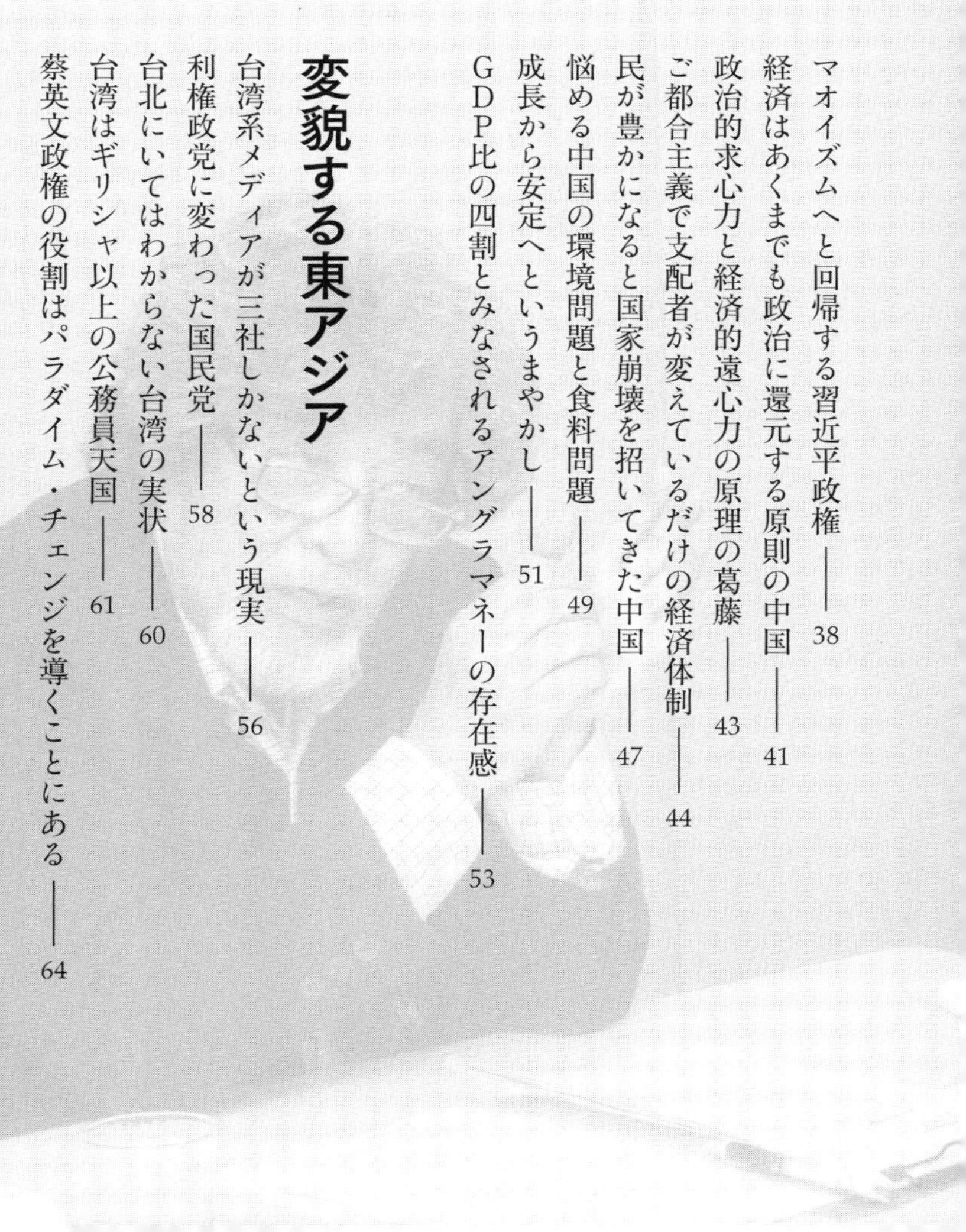

第2章 変貌する東アジア

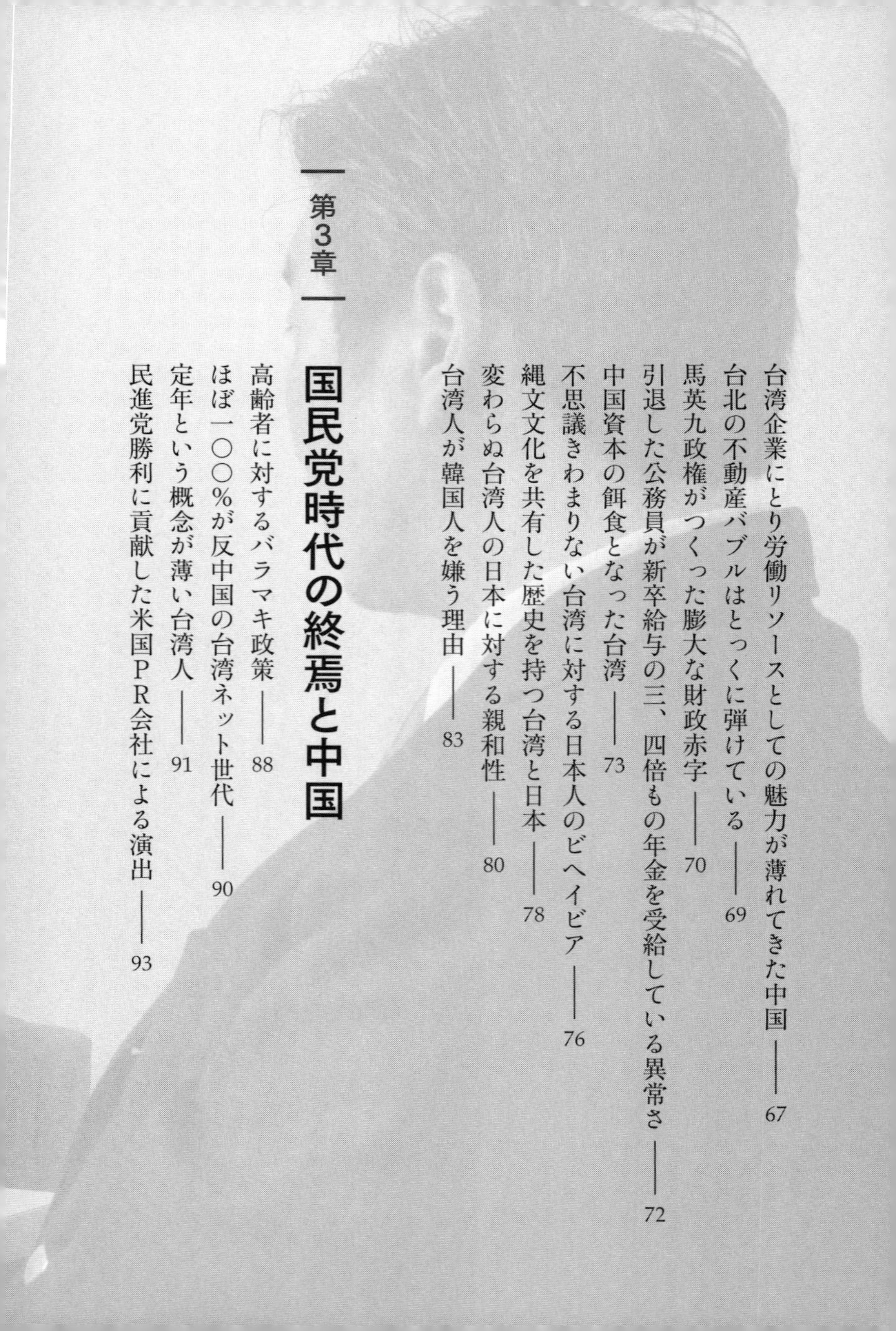

第3章

国民党時代の終焉と中国

第4章 台頭するネット世代とサイバーウォー

第5章

二一世紀の人類に委ねられた問題の解決

第6章 中国を滅ぼすパンデミック

著者撮影／外川孝
本文写真提供／アマナイメージス

第1章

ご都合主義国家・中国のメルトダウン

資金ショートにより瓦解が始まった中国企業

渡邉　自由社会における常識でいえば、バブルが崩壊してその影響が実体経済に表面的に現れ始め、資金ショートなどが露見し始めるのが六か月から八か月先といわれている。いくら中国が粉飾型経済であっても、国家や企業が破綻する原因は赤字ではなく、間違いなく資金ショートなのだ。資金ショートが表面化したときに、経済状況の悪さが見えてくるわけである。

中国の株式バブル崩壊が昨年七月だったとすると、この春以降ぐらいにそれが明確になってくるだろう。実際に昨年七―九月の輸入統計などを見る限り、明らかに実体経済の悪化が見てとれる。数字を誤魔化してきてはいるけれども、実際に企業のデフォルトが多発し始めている状況のなかでどこまで誤魔化せるか、であろう。

やはり会社が潰れれば必然的に失業者も出るし、中国共産党としては党主導で合理化をするという物言いをしているが、要は会社ごとリストラするという話である。

そこで働いているワーカーたちはどうなるのか、彼らの収入はどうなるのかは、本来自由主義社会においては大きな問題になるのだが、中国ではそうではない。

昨年、習近平が英国を訪問したときに、「中国が投資をするのは歓迎だが、中国から鉄を輸入するのは駄目だ、国内産の鉄を使え」と英国の鉄鋼業界が猛反発した。世界で余剰の鉄が大量に生まれている原因は中国ではないかということで、英国議会でも紛糾した。

すると習近平が、「すでに鉄鋼の生産調整は終わっている」と意味不明の発言を行ったため、英国世論は騒然となった。なぜなら、中国の主力鉄鋼企業は一応上場されている企業であるからだ。上場企業が政府主導で勝手に生産量が調整できるのか、そんなことを許したら、株主の立場はどうなるのだというまったくシンプルな疑問が呈されたわけである。

要するに、一党独裁の中国では、政府の命令一発でいつ会社が取り潰されるかわからない。そんな異常な状況にもかかわらず、主力鉄鋼企業の株価が維持されているわけなのだ。

いくつもの矛盾を抱えるなか、いよいよ中国企業が資金ショートにより瓦解を始める。この春から夏にかけてそれが表面化してくる。

身ぐるみはがされ逃げ帰る日本企業で中国にメリット

黄　習近平は中国人の間でも評判が芳しくない。本人が正式な教育を受けていないということもあるのだろうが、公式の場において、原稿を見ないと発言がずれていることが多

2016年3月3日、中国全人代に出席した習近平と李克強　©UPI／amanaimages

い。「愚鈍ではないか」というのが私の知る中国人の習近平評である。国家主席にまで登りつめた人物が愚鈍ではないと思うのだが、あまり聡明ではない人物だとは推測できる。
それはそうとして、私は中国経済の場合、すでに四半世紀前にバブル崩壊を経験した日本経済と本質的に違うと見ている。
中国経済が抱える問題の根本は過剰投資と過剰生産にある。資本はほとんど外国から入ってくる。改革開放の波に乗って、外国企業が中国に進出、膨大な不動産投資、設備投資を行ってきた。
私はある意味においては、中国でバブルが崩壊したら中国にとってプラスになるのではないか。外国の資本がそのまま中国に残されて、中国のものになってしまうのではないか、と考える一人である。なぜなら、いったん中国国内に入れた資本、設備、機械は実質的に現実的に海外へは移転できないことになっているからだ。

バブルが崩壊すると、外国企業は投資した資産をそのまま残しての撤退を強いられるわけだから、外国は損をし、中国は得をするのではないか。昔からよくそんなことを思っていた。

こんな実例がある。昨年二月にシチズンが中国から撤退した。結局、シチズンは五〇〇億円もの設備投資をした工場をそのまま置いてきた。おそらくそれが撤退の条件だったのだろう。昨年一一月にはカルビーが突然撤退した。サントリーも青島ビールとの合弁を解消した。

売上げ不振とか労働賃金の高騰とか理由はさまざまだろうが、撤退を地元政府と交渉すれば、懲罰的な罰金支払いや資産没収が必須条件となるはずで、日本企業は身ぐるみはがされて日本へ逃げ帰る格好となる。山東省煙台のＳＯＮＹも撤退で揉めているようだが、シチズンのような形になっても不思議はない。

以上のように、**バブル崩壊は中国にとってメリットの部分もある**はずだ。

海外投資家にとりドルペッグの安全性のみが人民元の魅力だった

渡邉　外国企業の中国への投資は、直接に現物不動産を買う形ではなくて、証券や金融でカネを貸す形での投資形態が多い。中国のバブルが本格的に破裂するならば、結果的に中国の国有銀行が損を被って潰れることになろう。

危なくなれば、外国人は先にお金を海外に逃がしてしまうからである。だから一昨年あたりから巨大なキャピタルフライトが起きているわけである。

中国に外国人が投資をしたのは、基本的に通貨人民元がドルペッグで為替リスクがないためであった。三%から五%、商品によっては八%もの利回りが期待できた。米国で金利二%で調達したお金を、為替が変動しない中国で八%の投資商品に回すと、中ザヤの六%が抜けたのである。まさに中国の金融商品は安定投資先だった。

人民元が冒頭で論じた理由から、ドルペッグからどんどん乖離《かいり》していくと、中国の金融商品に投資家たちはまったく見向きもしなくなってしまうはずだ。

人民元が為替リスクをともなう存在になり、その分を織り込まなければならなくなれば、中国への投資は、海外勢にとってまったく採算の合わないものとなる。だからどんどん撤退していく。それがいまの状況といえる。

外国の資本が抜けて行ったから、株価にしても資産価格を維持するベースを失ってしまった。そうなると、**最後のババをつかむのは中国の国有銀行以外にない。**

ドルペッグ　一ドル＝三六〇円のように自国通貨のレートを米ドルと固定させる仕組みのこと。為替レートが安定するため、貿易や投資などを円滑に行うことができるのが利点。中東の産油国や経済基盤の弱い新興国が採用している。

国際通貨になれば人民元はハゲタカの餌食になる

渡邉　国際貿易通貨としての決済額についても円は人民元に抜かれつつあるのが実状だが、これはあくまでも人民元がドルペッグしている前提の決済だ。したがって、人民元が完全な変動通貨、自由通貨になったときに、どの程度決済に用いられるかはまったく見えてこない。いずれにしても人民元の場合も、**変動相場制にしないと将来的には国際通貨として認められない。**

日本のバブル崩壊が悲惨な状況になったのは、金融ビッグバンにより金融と為替の自由化を実施したために、海外からハゲタカが入って来て好き勝手に食われた。人民元が完全に自由化されると、外貨準備も少ないし、ハゲタカの餌食となるのは目に見えている。それを中国政府が認めるのか、覚悟があるのかという疑問が残る。

金融ビッグバン　一九九六年、当時の橋本龍太郎内閣が提唱した金融制度改革のこと。もとは英国で一九八六年に始められた証券市場改革を指す。国際金融市場として復権を目指すのが目標で、インターネット証券会社の参入、手数料の自由化などが進められた。

中国にはどうしても人民元をSDR入りさせたい理由があった

黄　中国の人民元がIMF（国際通貨基金）のSDR（特別引き出し権）に採用され、いってみれば、人民元が国際通貨のお墨付きを得たことになるわけだ。その意味合いには、使い勝手の悪い人民元の国際化を促進させるに進めてくれというIMFの希望があったことと、中国のロビー活動が奏功したこと、その両面があると思うが。

渡邉　私は**中国のロビー活動に欧州勢が負けたのだ**と認識している。英国とドイツが人民元のSDR入りに賛同したのが大きかった。反対する日米が無理矢理否決に持っていくことも可能だったが、もともとIMFは欧州よりの機関という事情もあった。それならば条件付きでSDR入りを認めることで手打ちをした感が強い。

資本移動の自由化、人民元の変動相場制への移行など、金融市場改革を前向きに進めることが条件。だから正式にSDRの構成通貨入りするのは二〇一六年の十月以降という条件付きになっている。

人民元がＩＭＦのＳＤＲ・構成通貨に入ると、各国の中央銀行は外貨準備として人民元を保有できるようになるとはいえ、人民元を保有しなければならないわけではない。外為市場で人民元を外貨準備の一部として持つ国が増えるので、人民元を直接交換できる市場が広がるのは確かだろうが、ただ一九九二年秋にポンド危機（為替レート急落）が起きたように、それだけでは通貨の安定につながらない。

現状だと米国、日本、スイス、イギリス、ユーロ、この五大中央銀行間は一応無制限のスワップ通貨保証契約を締結しているので、ドルが足りなくなった非常時には、ＦＲＢ（米国連邦準備理事会）から調達できる。

ところが、人民元にはその契約がなされていない。したがって、中国が非常事態になった際、米国が中国にドルを融通してくれる保証はまったくない。保証してくれないとどうなるのか。**通貨の大変動が起こる**。

現在、人民元には国内と人民元ＮＤＦ（Non Deliverable Forward、ノンデリバラブル・フォワード）の大きな二つの通貨マーケットがある。

後者はオフショア市場での、いわば先物取引。契約時の決定レートと決済日レートをドルに換算する差金で決済する特殊なマーケットだ。売る権利と買う権利の相対で通貨の値段は決められるけれど、人民元には直接触らないマーケットである。ひるがえって、オンショア（国内）市場は実際の人民元のやりとりで成り立っている。

いま問題になっているのが、人民元レートの下落だ。これはオフショアレートが下がっているので、±二％以内で毎日対ドル基準値を設定している人民銀行としてはダブルプライス化を避けるために、基準値を下げざるを得ないという事情が横たわっている。今年に入ってからは中国の景気が一層減速するとの観測から、オンショア、オフショアともに約五年ぶりの安値をつけている。

中国が完全変動相場にすればいいのだけれど、外貨準備が公称値の三分の一程度しかないのだから、実際は債務超過に陥っている。短期債務等を勘案すると、中国の外貨準備はほぼ枯渇しているに等しい。

こうなると中国はヘッジファンド、あるいは習近平を敵視する上海閥の玩具になるのがオチであろう。私にいわせれば、玩具になるのを覚悟して、人民元がＳＤＲ通貨入りするということになる。

しかし、中国もそれなりの事情を抱えているわけである。人民元をＳＤＲの構成通貨にして国際化させないと、中国の外貨建債務の借り換えができなくなる。結局、各国の中央銀行に人民元を持ってもらわないと、巨額の外貨建て債務のロールオーバーが不可能になってしまう。

人民元がSDR入りする前に中国のバブルが完全に弾けた場合には、もともと通貨として魅力のない点心債などの人民元債には買い手がつかない。買い手をつくるためにはSDR入りし、なんとか人民元を国際通貨にして、流動性を高めるしかない。もう一つ、国際的な影響力の確保という意味合いもある。

SDR　Special Drawing Rightsの略。一九六九年に創設された、IMFより加盟国がお金を引き出す際の権利、およびその単位のこと。危機に瀕した加盟国は、米ドル、英ポンド、ユーロ、日本円からなる通貨バスケットにある通貨を借り入れられる。二〇一六年一〇月より人民元が通貨バスケットに参加予定。

ポンド危機　一九九二年秋に発生した英国の通貨であるポンドの為替レートが急落した出来事。ポンドの金利が割高だったことに投機家ジョージ・ソロスが気づき、一〇〇億ドル相当を売り浴びせたところ瞬く間に急落。ポンドは欧州為替相場メカニズム（ERM）脱退を余儀なくされ、変動相場制へと移行。

スワップ通貨保証契約　各国の中央銀行が互いに協定を結び、自国の通貨危機や金融危機に備え、国や地域がそれぞれの外貨準備を利用して、米ドルなどの外貨を融通し合うことを定めた協定のこと。「通貨交換協定」とも呼ばれる。二〇〇八年のリーマンショック後、協定に基づき日銀は米ドルを市場に供給した。

点心債　主に中国本土以外で発行・流通している人民元建債券のこと。二〇〇七年にスタートし、大半が香港で発行されている。量が少なくてもおいしい香港料理の「点心」がその名の由来。

減少するいっぽうの中国の外貨準備高

渡邉　本来外貨準備は政府と中央銀行だけが持っているものなのだが、中国の場合は国有銀行保有分とされる企業の決済預り金が含まれている特殊なスタイルとなっている。

たとえば中国企業が三か月後に決済代金一〇〇万ドルを支払わなければならないとすると、それを中国の国有銀行に外貨貯金している。この企業が保有しているお金が外貨準備のなかに混じっているわけだ。

仮にそのお金を国有銀行側が融資していたら、本来のルールではそれは国有銀行の外貨準備にはならないはず。しかし、中国では融通無碍《ゆうずうむげ》といえば聞こえがいいけれど、それを外貨準備として計上している。

黄　それはFRBに預けているゴールドの存在のようなものかもしれない。日本が保有するゴールド七六五トンをFRBがカストディ（保護預かり分）しているのだけれど、それはたぶんFRBの金保有分八一〇〇トンのなかにカウントされていると、専門家から聞いたことがある。

それはそうとして、中国の外貨準備の減少は人民元安を食い止めるために当局が為替介入を繰り返しているためだ。中国からのキャピタルフライトは年間一兆ドルにも加速している。国境をまたぐマネーの動きが激化しており、いまは一般の中国人までもが必死になって人民元からドル、あるいはドルに完全ペッグする香港ドルに替えたがっているのが実情だ。

中国の地下銀行は絶対になくならない

渡邉　昨年一一月二〇日、中国浙江省公安庁は没収金額七・八兆円にのぼる過去最大級の地下銀行の摘発を行った。摘発された関係者は三〇〇人にのぼった。ここでは中国の顧客から依頼を受けると人民元をいったん香港に送金、そこでドルやユーロに両替して、海外にある顧客の口座に振り込んでいた。一説には現在中国の地下銀行の累計保有高は三〇〇兆円にまで膨れ上がっているとされる。

地下銀行を定義するならば、黒社会を含む民間が運営する違法銀行ということになろうか。地下銀行が中国で好んで利用されるのは、手数料が普通の銀行より若干安いということもあるが、最大のメリットは匿名で海外送金などお金のやり取りできるからだ。通常、銀行間でマネーが移動する際にＳＷＩＦＴコードと本人確認コードが必要なので、それをトレースすればどういうトランザクションが行われたかがすべて把握されるが、地下銀行を使えばそれを免れることができる。

とりわけ官僚や共産党幹部は受け取った賄賂を国内に置いておけば、常に発覚の恐れがある。彼らのほぼ全員が地下銀行経由で、海外に暮らす家族名義の口座に送っている。彼らにしてみれば、地下銀行とは昔の華僑の世界でいう符号のような存在なのかもしれない。中国内の秘密組織にお金を預けて符号をもらい、海外の組織に行って符号を渡すとお金がもらえる仕組みの現代版といえよう。

地下銀行は当然ながら看板など出しておらず、一見なんの変哲もない商店（こと貴金属業を営む金銀樓のほとんど）や食堂が営んでいる。たとえば中国から日本に送金したいときには、地下銀行に人民元を持っていき、送金先を指定する。中国の地下銀行は日本円をプールする系列の日本の地下銀行に連絡し、顧客が中国の店に持ってきた人民元分にあたる日本円を受け取りにきた人間に支払うわけである。原理としては海外支店を持つ銀行のコルレス契約（為替取引契約）となんら変わりはない。

中国人の日本不動産の購入にも、地下銀行はなくてはならない存在となっている。中国人が日本で不動産ローンを組むのはまず不可能なので、現金決済となる。ところが、中国人には年間五万人民元（約九五万円）という現金の持ち出し制限が設けられている。海外の不動産を購入する手立てとしては地下銀行を頼るしかない。

家族を海外に住まわせ、汚職で得たカネをせっせと海外送金している中国共産党の官僚は裸官と呼ばれる。裸官にも、裸官を摘発しようと躍起になる政権党幹部にとっても、地下銀行は必需であるため、今後とも中国の地下銀行は絶対になくならないはずである。

二〇一三年末から中国からの不正な資金の流れを調査してきたCIAは翌年、その総額は一兆六〇〇〇億〜三兆ドルにおよぶとする報告書を発表し、世界を驚かせた。

黒社会　中国語圏における反社会組織や地下組織、つまり「ヤクザ」や、それらで構成されるアンダーグラウンドの世界、日本語で言うところの「裏社会」を指す。欧米では「チャイニーズ・マフィア」と呼ばれる。
SWIFTコード　SWIFTとはSociety for Worldwide Interbank Financial Telecommunication（国際銀行間金融通信協会）の略。同協会が提供する国際送金システム上で相手方の銀行を特定するために用いられる金融機関識別コードをいう。三菱東京UFJ銀行＝BOTKJPJT、三井住友銀行＝SMBCJPJTのように、世界各地の銀行を特定でき、銀行間の国際送金などにおいて使用。

キャピタルフライトの徹底追及に及び腰の中国

黄　中国からの最大のキャピタルフライトについては、鄧小平一族の一〇兆円超とするのが定説とされる。

ただ中国の場合、米国当局の協力を仰いで共産党幹部の海外への不正送金、不正蓄財をあまり厳格に追及すると、共産党中央上層部にも嫌疑がかかりかねないという事情がある。

たとえば習近平国家主席の姉が香港での不動産投資に莫大な金額を使っているとか、習近平の盟友として知られる中央規律検査委員会書記の王岐山にもさまざまな悪い噂が飛び交っている。追及が過剰になりすぎると、**現チャイナセブンが自分で自分のクビを締める**

チャイナセブンのメンバー

1	習近平	中共中央総書記、中央軍事委員会主席、国家主席 太子党
2	李克強	国務院総理　共青団
3	張徳江	全人代常務委員長　江沢民派
4	兪正声	全国政治協商会議主席　太子党
5	劉雲山	中央書記処常務書記、中央精神文明建設指導委員会主任、中央党校校長　やや江沢民派
6	王岐山	中央規律検査委員会書記　太子党
7	張高麗	国務院常務副総理　江沢民派

ような場面もあり得るからだ。

いま習近平の心配のタネは、汚職により党籍・公職を剝奪された令計画（胡錦濤前国家主席の側近・前中央弁公庁主任）の実弟・令完成が渡米したことであろう。

令完成が携える国家機密文書には、習近平一族や王岐山など共産党幹部の汚職の実態が記されているとされている。中国側は令完成の引き渡しに躍起になっているが、米当局が有益な情報を聴取し終えた時点で、中国への送還が実現されるのだろう。

渡邉　とにかく地下銀行のシステムを徹底的に追及して、不正な資金の流れを潰していくというのが現在の国際的なコンセンサスとなっている。一九八九年に設立されたFATF（Financial Action Task Force on Money Laundering）というマネーロンダリングの防止の組織がある。そこが音頭取りとなって、マネーロンダリング対策及びテロ資金対策がなされており、東南アジアでもっとも乗り気なのは税収難に陥っている韓国政府のようだ。

考えてみれば、韓国も地下経済の国だし、イタリアもギリシャやスペインも同じような性格を備えている。地下経済が隆盛な国ほどマフィアや黒社会の勢力が強いのはいうまでもない。

鄧小平（一九〇四～一九九七）四川省出身。フランスに留学し共産主義を知る。中国共産党で経済政策をつかさどるも、文化大革命で失脚。後に文化大革命の終焉と毛沢東の死を経て、中国の最高権力者として国家再建に取り組み、社会主義経済に市場経済の導入を図る「改革開放」路線を推進した。

王岐山（一九四八～）山西省出身。姚依林元国務院副総理（副首相）の娘婿。高校卒業後、文革で下放された際、習近平と知り合った。その後、大学を卒業後、シンクタンクでの研究員職などを経て、政界に入り北京市長などを歴任。二〇一二年、党中央政治局常務委員となると、習近平の片腕として反腐敗運動を推進。

令計画（一九五六年～）山西省出身。胡錦濤前国家主席に認められ、二〇〇二年、秘書を務めた。その後、党中央弁公庁主任、党中央統一戦線部長など重職を歴任したが、二〇一五年、党籍、公職を剝奪され、収賄容疑で逮捕。弟で会社経営者だった令完成も規律調査委員会の調査を受け、後にアメリカへ逃亡した。

二一世紀に日本列島は中国人で埋め尽くされると予言したトインビー

黄　私の関心が強いのは、中国から不況による失業難民や公害難民が近隣諸国へと押し寄せたらどうなるかということだ。

いちばん心配しているのは、激しさを増す一方の中国の社会変化にともなって、**精神を病む若い世代が急増している**ことだ。一七歳以下に三五〇〇万人、大人をも入れてトータルで全人口一億人を超えていると言われている。一説によると、二〇年後には四億人になるという。にもかかわらず、現状では精神科医、心療内科医が二〇万人に一人しかおらず、ほとんどの人に治療の機会がない。いま中国でうつ病が大流行していると聞くが、これは必然であろう。

中国政府が精神を病む人たちを含めた難民を抑えきれず、約一億人が日本に押し寄せてくるならば、日本はもうどうにもならない。

英国の歴史学者アーノルド・トインビーは、かつて「二一世紀になると日本列島は中国人で埋め尽くされてしまうのではないか」との予言をしている。やはり日本側もそうした懸念を抱いているのか、超党派で研究グループを持って、海外から一〇〇〇万〜二〇〇〇万人の移民が入ってきたらどう対処するのかを検討しているところである。

渡邉　移民が押し寄せないようにしないと、日本は社会保障が壊れて、破綻する危険性がある。現政権が「一億総活躍社会の実現」と掲げているのは、団塊世代が引退して一気に人口構造が変わったからに他ならない。労働者市場に人が足りない。これを年寄りにまで働いてもらい、できるだけ移民を入れないでやっていこうという考え方なのだ。

ところが、わが国の人材派遣業界というか口入れ屋の連中は、外国から労働力を引っ張って来て安い賃金でピンハネして儲けたい、絶好のビジネスチャンス到来と捉えている。だがそれは**日本の社会保障費を食い潰すだけになるのでやめたほうが正解**。これが自民党内のコンセンサスとなってきている。

ただし、外国人労働者なしには東京五輪開催までの建築、建設が間に合わない。基本的には永住はさせない、あくまで海外からの出稼ぎ労働者として受け入れるのが基本線だが、彼らが結婚して日本永住を求めることもあるわけで、そう簡単な話ではない。

撤退で辛酸を舐めているのは日本企業だけではない

黄　日本の二〇一五年の対中投資額は前年比で二五％以上減り、これまで四〇％近い数の日本企業がすでに中国から引き揚げたといわれている。先刻は撤退の際にトラブルを起こした日本企業を取り上げたが、台湾企業も同様に痛めつけられている。

台湾企業も撤退の際、朝令暮改を繰り返す中国の地方政府関係者から徹底的にゆすられ、搾り取られた。知り合いのビジネスマンは「中国で地獄を見てきた。これからは何があっても怖くない」と語っていた。

渡邉　それは国家としての位置づけの違いだと思う。厳しい言い方を許してもらえば、中国との関係においても、国際社会においても、台湾は国家であって、国家ではない。日本の場合はなんだかんだいっても、国家として一応先進国の一員で、もし日本企業に何かがあった場合、日本のみならず欧米の輸出先から圧力がかかる。

台湾の場合はそのあたりが国家という枠組みにおいて、不利である。米国において台湾関係法という特別法があるとはいえ、曖昧《あいまい》なところは否めない。同じ言語圏だし、大陸の中国人の台湾人観と日本人観はまったく違うはずだ。われわれは大国であるという優越感から、ある意味、中国人は台湾人を蔑んだ目で見ている部分もあると思う。これは私見だが。

黄　台湾企業が悲惨な目に遭っているのは、進出の形態にもある。台湾企業は中国へは合資（合弁）も少なくないが、じっさい独資で進出するのが一般的だ。

渡邉　中国から撤退する際に問題になるのは、中国の民事訴訟に係争の対象者は国外に出られないという条文である。中国に進出した日本企業は基本的に中国企業との合弁企業だから、撤退のみを視野に入れるなら、合弁先に日本側の資産を一人民元で渡せばそれで後腐れなく別れられる。ところが台湾企業の場合、合弁でなく独資で進出しているから揉めるのだ。

改革開放まで経済学部が存在しなかった中国の大学

黄　中国経済に関する私の認識は、日本の経済人やエコノミストなどとは基本的に異なるものだと断っておきたい。この国の経済は他国の経済とは比べようもなく異形であり、計り知れないからである。まずここを理解しなければならない。

一九七八年の改革開放まで、**中国の大学には経済学部が存在しなかった**。なぜなら、北京大学をはじめ中国の大学で教えるマルクス経済学では政治と経済が絡んでいること、さらにいえば、経済は政治の一部だと当たり前のように考えられてきたからである。

では、それまでの中国経済とはどのような経済原理からスタートしているだろうか。私は二つの考えを持っている。

ひとつは、政治と経済が理想的関係として、互いに転換していることである。たとえば具体例として、巷では「中国経済の崩壊」という言葉がさかんに使われているが、これは構造主義的な考え方に依拠したもので、かなりピントが外れているように思える。

もとより中国経済には「コア」というものはないのだから、あるとすれば、人民解放軍と政治と経済を握っている中国共産党が泥沼化してメルトダウンしたというような考え方であろう。

実際に経済が完全に駄目ならば、政治に帰ってしまえというような〝弁証法〟的なやり方が、こと中国にはまかりとおってしまう。

人民共和国の時代に入ってからの非常にわかりやすい例としては、毛沢東（一八九三〜一九七六）による大躍進政策（一九五八〜一九六一年）の失敗に見て取れる。大躍進の失敗によって、完全に経済が崩壊し、数千万人が餓死した。私が読んだ回顧録によると、地方の村々で共食いまで起きていた。

そんな地獄のような有り様となり経済が完全に崩壊しても、毛沢東は文革で国家存亡の危機を切り抜けた。つまり中国の場合、経済崩壊は国家の体制や政治の崩壊に必ずしもつながらない。これがひとつの例である。

文化大革命（一九六六〜一九七六年）の被害者は一億人以上といわれ、当然ながら政治も経済も全滅した。教育までもが一〇年間ほど機能停止に陥った。けれども軍だけがなんとか頑張り抜いて、中国共産党はプロレタリア独裁を続行した。

したがって、いまの習近平時代についても、仮に経済がにっちもさっちもいかなくなれば、文革のような荒療治をせずとも、政治に根源的に還元していけばなんとかなるのではないか。そんなことを私は思っている。

大躍進政策 毛沢東の指導した農工業政策。各地で大増産を目指して製鉄などが行われたが、良質な鉄鋼は生み出せなかった。一方、各地の党幹部は生産量の水増し報告を行うなど混乱の度合いが増し、結局数千万人の餓死者を出す。この結果、毛沢東は国家主席を辞任する。

文化大革命 毛沢東が自らの復権を目指して始めた権力闘争。毛沢東に呼応した紅衛兵が出現し、知識人や地主など反革命分子次々と迫害。全土に広がり、未曾有の大混乱を巻き起こした。一九七六年の毛沢東死後、側近の「四人組」を逮捕し処刑。混乱は収拾へと向かった。

国際マーケットの一部に組み込まれた中国

渡邉 中国の大躍進、文化大革命の時代といまの状況の違いとは、当時は世界が東西の形に分かれていて、中国は国際マーケットから完全に排除された独立経済体だった。ひるがえって、現在の中国は独立経済体ではなく、国際マーケットの中の一部に組み込まれている。ここに大きな違いがある。

計画経済ならば、中国の景気が悪くなったときには、軍が人民を圧迫してでも好き勝手な数字と経済体をつくることが可能だった。ただしいまの状況は、人民が解放されてしまっている。解放された人民に圧政を強いた場合、中国が独立経済体だった時代ならあり得なかったことだが、世界に門戸を開いてしまったことから、国際的に大きな批判を浴びることになる。
共産主義革命のような形で、欧米日はじめ周辺国とも完全に関係を断ち切るようなことをしない限り、文化大革命的な、改革開放的なかつてのようなパラダイムシフトはできない。

黄 そこでひとつ問題となるのは、中国という巨大な政治経済体制が、どこまで世界経済体制のなかに組み込まれるかだ。
通商国家の観点から見ると面白い。歴史上に存在した通商国家にはカルタゴやベネチアがあった。あるいは大元帝国も一種の通商国家であったが、中国が通商国家として、金融、技術、人材交流等々でどこまで世界経済体制のなかに組み込まれるかで、中国の将来が分析できるのではないか。

マオイズムへと回帰する習近平政権

渡邉 周知のとおり、中国には習近平国家主席を領袖に抱く「太子党」と胡錦濤(一九四二〜)前国家主席と李克強首相(共青団・共産主義青年団、一九五五〜)を頂点とする母体の異なる二つの政治体が存在する。理論派で鳴らす李克強は国際金融のなかに中国を組み込もうとしている。それに対して**習近平側は計画経済的、マルキスト的な発想の経済運営を行おう**としている。要は、いまの中国はまったく正反対な両輪で動いているわけである。

　これまではこの二つのパワーバランスの相克があったけれど、いまは習近平のほうがどんどん強くなっているのは火を見るより明らかだ。

　現状を鑑みると、改革開放路線の放棄、いわゆるマオイズムへの回帰という方向に進むのだろう。しかしながら、それを実現すべく習近平が邁進すると今度は、中国のいまある中国系企業の利権とか、中国要人の個人資産をどう取り扱うのかという問題が噴出してくるのは論を俟《ま》たない。中国は言わずと知れた人治政治国家であり、既得権を握る中国共産党の幹部がそれを許すのかどうかだ。

　黄先生が述べられたように、中国を法律で定めた、法治国家の論理で見てはいけないし、国際ルールを守るという前提で見てはいけない。勝手にルールをつくってしまう帝国、帝王主義の中国。さらに人治主義がはびこる中国において、共産党守旧派がルール変更をどこまで許すかがポイントだと思う。

黄　人民共和国となった中国の歴史を俯瞰すると、かつての李先念、いまの李克強のような経済的発想を備えている開明派はかなり少ない。現在の国務院政治局常務委員、いわゆる中国のチャイナセブンは、そのほとんどがテクノクラート、技術系出身者で固められているなか、李克強のみが北京大学法学部の出身で経済博士号を持つ異端者である。

一方、国家主席、党総書記、中央軍事委員会主席の三権を手中におさめた習近平はいちおう清華大学の化学工程部を出たテクノクラート。いちおうと言ったのは、元副首相の父・習仲勲のコネで推薦入学したからである。しかも習近平はハク付けのため、福建省長時代に清華大学のドクターを取得したが、これも同大の党委書記・陳希（習とは大学の同級生）が裏で動いたためとされている。陳希は習近平の学歴を構築した功績から、習近平がトップに上り詰めると同時に中央組織部の常務副部長に引き上げられている。

太子党　中国共産党の高級幹部の子弟を指す名称。また、そうした子弟たちからなる党内派閥を指す。ただし、太子党と目される政治家たちが自ら名乗って一致団結して派閥を作っているわけではない。おおまかな特徴は保守的で党改革に乗り気ではない場合が多い。

共青団　正式名称は共産主義青年団。将来の中国共産党員を目指す青年を集めた組織。ここから入党するのがエリートコースといわれ、そうした人たちのことを「団派」と呼ぶ。現在の団派は最高指導部入りした胡錦濤が、共青団時代の部下を引き入れて作り上げたもの。

李先念（一九〇九～一九九二）湖北省出身。中央委員会副主席、国務院副総理、第三代国家主席、人民政治協商会議全国委員会主席など数々の重職を歴任した中国共産党八大元老の一人。文革で一時下放されるも財政貿易弁公室主任を務めるなど、経済政策を司った。

習仲勲（一九一三～二〇〇二）陝西省出身。八大元老の一人。習近平の父。日中戦争で頭角を現し、中国建国後も国務院副総理や党中央委員などを務めるなど、党中核をなす。しかし文革初期で反党集団として全職を解任され、以後文革終了まで迫害を受け続ける。文革終了後、復権を果たし書記処書記などを務めた。

陳希（一九五三～）福建省出身。習近平と清華大学同窓で年齢も同じ。修士号を取得し米スタンフォード大学に留学後、行政官として清華同大学に復帰。研究生として同大学大学院に入学した習近平と親密な関係を続けた。二〇一三年、党幹部の人事の決定権を握る党組織部副部長へと昇進している。

経済はあくまでも政治に還元する原則の中国

黄　ところで、毛沢東や習近平は「経済オンチ」という評価が定着しているわけだが、これは当たり前と思う。中国の国家指導者には概してあいうタイプが多く、誤解を恐れずにいえば**九〇%は経済オンチ**である。したがって、経済博士号までもつ李克強はスペシャルタイプといえる。

鄧小平時代もそうだった。李先念、陳雲のような経済的発想を持つ長老は常に少数派だったから、権力を握ることはなかった。そうなると、どうしても全体的には経済よりも政治の影響力が強くなって振り回される可能性が大きい。

いまの中国の最高指導部内もたしかにそうした傾向が強いような気がする。開明派の李克強が徐々に排除されていることは否めない。

中国の二〇世紀の歴史を見ても、いかに経済が政治に還元されてきたかが如実にわかる。辛亥革命後、中華帝国から中華民国となった。中華民国は国民国家を目指したけれど、そ

鄧小平も毛沢東も経済オンチだった？

れも瓦解してしまい、社会主義人民共和国に変身してしまった。二〇世紀の約四〇年の間で凄まじい変わり様だ。

そして人民共和国もうまくいかなかったので、今度は左のコミュニズムから右のファシズムの方向に変わってしまう、と。そういうふうに政治体制を変えながら、結局は政権だけが維持されてきた。

中国の経済はあくまでも政治に還元するものであって、それが原則だ。だから〝超経済的〟な手法が日常茶飯事のように採られる。中国には近代的な経済原理も備わっていない。そこをアカデミックな海外の識者たちは取り違えているのではないか。

陳雲（一九〇五～一九九五）江蘇省出身。八大元老の一人。一九二五年中国共産党入党。政務院副総理兼財政経済委員会主任に就任すると、経済政策を担当。文革で実権を奪われたが、復職。国務院副総理などで計画経済を優先し、市場調節などの保守的経済政策を主張。鄧小平と対立し、引退に追い込まれた。

辛亥革命　一九一一年に中国で勃発した清朝打倒を目指す革命。その年の干支が「辛亥」だったことからそう名付けられた。翌年一月、南京で孫文を大総統とする臨時政府が樹立されたが、袁世凱が英国と画策し清朝皇帝退位と引き換えに孫文から地位を奪い大総統に就任。北京に遷都し革命は終わりを告げた。

政治的求心力と経済的遠心力の原理の葛藤

黄　もうひとつ私が中国について指摘しておきたいのは、いまの中央政府がすべてを統制するスタイル、一極集中体制が甚だしい矛盾をはらんでいるということだ。

たしかに政治的求心力は中央にあるが、経済的遠心力から見れば、中国は地方の経済といえる。政治と経済の激突は、中央と地方の激突という図式になる。そうした矛盾を改革開放の初期段階においてはある程度クリアしていた。

そのあとはどうなったのか？　改革開放スタート時には中国の民間企業はそこそこ上手くやっていたが、時を経るにつれ、徐々に国有企業が台頭して、民間企業を駆逐するに至った。それは当たり前の話で、中央政府が号令を発して国ぐるみで国有企業を厚遇し、民間企業を冷遇、無視するようになったからである。これをマスコミは「国進民退」と呼ぶ。

こうした状況を目の当たりにした私が連想したのは、台湾の国民党の党営企業であった。中国のやり方がかつての台湾のそれと瓜二つだったからで、私はひょっとしたら、**鄧小平**

は台湾のやり方をパクったのではないかと思ったほどだ。「国営」や「国有」企業よりも「党営企業」と称されるほうが「名を正さん」ではないか。

国民党　孫文が中華革命党を改組して一九一九年に設立した政党。民族主義、民権主義、民生主義の「三民主義」が指導理念。孫文の死後、力を握った蔣介石が一九二八年に南京に国民政府を樹立し、日中戦争に勝利したが、戦後の中国共産党との内戦に敗れ台湾へと移る。

ご都合主義で支配者が変えているだけの経済体制

渡邉　中国の経済体制と政治体制は〝ご都合主義〟的に変わっていっているだけで、中国のなかにおいては民主的な構造体ではない。支配者と被支配者はずっと変わっていないと思う。

帝国のときも、中間にあったいわゆる中華民国のときも、いまの中華人民共和国になっても、中国共産党が独裁するか、下剋上が起きているだけで、基本構造として支配階級と被支配階級とで成り立つ階級社会が連綿と続いていた。こういう階級社会でなければ、一四億人の民をとてもではないが統治できないのではないか。

特に中国の場合、個人主義的な要素が強い。日本のような団体主義ではないので、力で上から押し付ける以外は安定した統治は生まれない。

逆にいうと、中華民国の最後が上手く行かなかったのは、民衆にある程度の力を与えてしまったがゆえに混乱が起きたのだと思う。歴史的に見た場合、繰り返しになるが、中国の経済体制はご都合主義で支配者が変えているだけで、その支配者も下剋上で代わっているだけの話で、基本的に日本のように平民が多数を占めるという社会構造とはまったく違う構造体なのである。

黄　中国の経済と日本の経済を比べてみると、明確な違いがある。たとえば幕藩体制はひとつのシステムであった。このシステムのなかで中央と地方がうまく機能していた。ところが中国のほうはそうではなく、すべてのヒト、カネ、モノ、そして技術を中央に持っていく中央集権の政治を行った。

先にも述べたが、政治的求心力と経済的遠心力の矛盾が、中国の政治と経済の均衡、バランスを取っているというのが私の中国経済についての基本的な見方である。

もうひとつは、国是、国策として中国は社会主義市場経済を採用していることになっているが、同じ発想がすでに一九世紀にあった。一九世紀後半の清王朝で展開された中国の近代化、いわゆる富国強兵策のなかで、自強運動や洋務運動を行っていた頃がそうだったのだ。社会主義市場経済にあたるものが「中体西用」というスローガンであった。

本体が中国で、西洋は用（末葉）であるとするもので、こういう発想は儒教思想にも色濃く反映されている。儒教思想は農が本（幹・中心）で商は末（末葉）とし、商人の力が強すぎるのは「本末転倒」で国が困ったことになる。だから貨幣制度を廃止したらどうかと、そこまで極端なことをいうわけである。毛沢東時代には、貨幣経済はあまり機能していなかった。貨幣に代わるものは、いわゆる「票《ピャオ》」である。

社会主義市場経済の発想も古来からの伝統的発想、儒教的思想に基づいている。本来はまったく異なる政治と経済を無理矢理にくっつけるために、そういう発想になってしまったのだ。

なぜ中国が二〇世紀に入ってから何度も国体と政体の崩壊を繰り返してきたのか、という視点から中国を見たほうが、それがより明確に中国の姿を照らし出すような気がしてならない。

「中国は国家ではなく、天下である」というのは中国人特有の国自慢のひとつだが、これをどう見るかは、中国経済を見るポイントとなろう。

中国的な考え方は、明らかに普通の国と違う。たとえばパクリについての中国の考え方は非常に極端である。

中国が先進国の技術をパクることはよく知られている。サイバーウォーで各国のハイテク技術をパクリまくっているのにはそれなりの理由が存在する。日本のように地道に技術開発の努力をして経済発展するよりも、軍事力を増強して戦争に勝てば全部自分のものになる。そういう価値観に染まっているのが中国なのである。

民が豊かになると国家崩壊を招いてきた中国

渡邉　中国が社会主義か共産主義かといわれると、経済理念からすれば、社会主義でも共産主義でもない。単にそれを利用した支配階級が中国共産党の幹部の面々であって、彼らが権力闘争をして上り詰めた人が好きなように国を玩具にしているというのが私の認識だ。

共産党の一部のメンバーにすべての富が手に入る仕組みになっており、**他は奴隷**ということになる。その奴隷たちにどこまで権利を与えるのか、奴隷をどこまで利用するのか、そのレベルが変わっているだけである。

逆説的にいうと中国の場合、歴史的に民が豊かになると国家崩壊を招く、その繰り返しである。豊かになった民のなかから下剋上をする人間が出現して、支配階級を打ち倒してきた。別に二〇世紀のみならず、三国志の前から繰り返されてきた。

その大規模なものが定期的に起きて、いわば日本の富士山の噴火みたいに三〇〇年に一度、文化大革命的に全部リセットして、焚書《ふんしょ》（書物の焼き捨て、言論統制）までやらかしてしまうわけである。台湾の故宮博物院に行けばわかるが、明代より以前の書物は焚書されているから、存在していない。

あのまま北京の故宮博物院の宝物が置いてあれば、おそらく焚書されているか、外国に売り払われているかであろう。その繰り返しが中国の一種の文化、つまり易姓《えきせい》革命なのであろう。

黄　ユーラシア大陸の東に位置する中華社会に限定せずに、もう少し視野を広げて、東アジア世界から全体を、あるいはユーラシア大陸全体を見ると、一つの長い歴史の動きがあるのがわかる。

東アジア大陸に大きな変化が見られたのは、約二〇〇〇年も前の六朝時代に入って漢が没落して天下大乱になってからであった。この六朝時代に儒教が没落、仏教や道教をはじめとする中国の土俗的宗教が流行った。

漢以後は北方夷狄（北方民族）が次第に優位となり、中国大陸を支配する時間が長くなった。夷狄とは異民族に対する蔑称である。

そして一九世紀になると、西洋の優位が確立して、西夷のみならず東夷が勃興してきた。国際環境の変化のなかで、果たして中国が現実をどのくらい受け入れたのか。なかなか中国自身の歴史解釈は見えてこない。

私見であるが、中国を見る場合には、中国史の伝統的歴史観ではなく、中国の政治経済もそうだが、**ユーラシア大陸の東半分から見なければはっきり見えない**と思う。

中国の将来はいったいどうなるのか。経済現象だけ見るのではなく、これまで中国を経済成長させてきたものはなにか、という視点から読み解いていくほうがわかりやすい。市場、技術、労働力、生産システムの変化から、中国経済の将来が浮かび上がってくるのだと思う。

易姓革命 中国古来の政治思想で、天子は天命を受けて天下を治めているのであり、天命に背いた場合は、天からその地位が奪われ、他姓の有徳者が新たな王朝を打ち立てるというもの。王朝交代を正当化する考えとして使われてきた。

悩める中国の環境問題と食料問題

渡邉 経済もそうだけれど、中国には環境限界が現出している。レッドアラートが出されて人が外を歩けない状態であるとCNNやBBCがさかんに報じている。

人が外を歩けない状態でこれ以上車を増やせるか、工場を増やせるかといえば、増やせるわけがない。ということは、これ以上の発展は望めない。環境限界の現出はすなわち経済の限界が訪れていることを示している。

この前提をどうやって国民に納得させるかであろう。中国共産党の最大の失敗は、国民に甘い汁を吸わせたことではないか。海外旅行を覚えさせ、美味しいものを食べることを経験させてしまった。一度上げた生活レベルを落とそうとすると、国民の不満の矢が容赦なく政府に向かって飛んでくる。これをどうやってコントロールするのか。人民を武力で抑えつけるしかない。

当然ながら、人が住めるような空気を取り戻そうとすると、工場を止めなければならない。工場を止めれば、仕事がなくなる。仕事がなくなると収入がなくなる。人民の不満が膨張する。この不満をどうコントロールするのか。そこが非常に難しい。

武力で抑えつけるといっても、天安門事件以前の自由化されてない時代であれば、解放軍を出動させれば、簡単に人民を制圧できた。しかし、時代は変わった。

人権問題だと欧米諸国が黙っていない。なによりも中国の経済構造体はいまだに輸出構造から脱却していない。輸出で儲けた金で国内を富ませている。輸出先から人権問題を理由に、「中国からの輸入をストップする」との制裁を受けると、中国はエネルギーも食料も買えなくなる恐れが出てくる。

とりわけ中国の食料自給率は八五％まで落ち込んできている。中国の一番の穀物輸入先である米国が、仮に周辺国に呼びかけて穀物を売らなくなってしまうならば、中国は大変な状況に陥ってしまう。

逆の見方をするならば、これはわれわれ西側の国の中国に対する脅しとなる。この折り合いをどう中国政府が付けていくのか。ここのところが私はちょっと読めない。

黄 食料問題に関しては、ある日本人の要人がこんな主張をしていた。「日本が穀物を買い占めればいい。それで穀物価格を釣り上げれば、中国の食料調達が厳しくなって、自然に崩壊していくのだ。さらに、日本が買い占めた穀物を途上国に援助すれば、大歓迎される」。**他に対中戦略は要らない**のだと、彼はいっていた。

渡邉 中国への穀物輸入についてはそのほとんどを伊藤忠と三井物産が扱っている。あまり知られていないのだが、米国から穀物を中国へ輸出するときに使う積み出しの穀物専用エレベーターがあって、それを日本のJAが担当している。大袈裟にいえば、この穀物エレベーターが日本の安全保障の一部となっているわけだ。ただし、伊藤忠が中国にべったりなので、そう大きな期待はできないが。

成長から安定へというまやかし

黄 中国の経済成長は徐々に鈍化しており、昨年あたりから急速に落ち込んできたというのが世界の共通認識になっている。

だが、実相は違っている。中国の経済成長は二〇〇七年がピークで、それからずっと下降線をたどってきている。そして一昨年暮れに「成長から安定へ」とする共産党の決議が発表され、中国の官製メディアがさかんに「ニューノーマル（新常態）」の事態に移行したと報じるようになった。

「成長から安定へ」というスローガンは珍しくもなんともない。どの時代においても、中国の最優先課題は安定であると強調しており、それは経済を含めたあらゆる分野においての安定である。


渡邉　中国にとっての安定とは、中国共産党幹部の生活の安定であって、中国人の安定ではない。中国の輸入統計、貿易統計を見ると、昨年九月が前年対比で約二〇％の輸入減、一〇月が一〇数パーセント減、一一月が九％減となっていた。おおよそ二ケタ台でモノの輸入量が減っているのにGDPが六・五％成長するという不思議な現象が起きている。

結局、輸入が二ケタの前年割れを呈しているのは、モノが売れてないことを示している。さらに頼みの輸出も非常に厳しい状態が続いている。

そうした逆風下において、なぜか六・五％の経済成長がなされているのは、どう考えても中国当局が数字をつくっているわけである。黄先生曰く、**中国お得意の数字の詐称であ**

ることは明明白白なのだが、ここにきて数字の詐称も限界が近づいているようだ。

GDP比の四割とみなされるアングラマネーの存在感

黄　中国経済をわからなくしている最大の問題は、非経済的、超経済的な手口で百鬼夜行するアングラマネーの影響力である。

たとえば**台湾のアングラマネー（地下経済）はGDPの約四割に達する**と、私は台湾の銀行の頭取経験者から聞かされた。中国においても確実に四割を超えているものと思われることから、中国経済の将来をますます不透明なものにしている。五年ほど前に発表された国務院・中国経済改革研究基金会のアングラマネーに関する試算では、GDPの約三割、九兆三〇〇〇億元にのぼっていた。それ以降のキャピタルフライトの急増を勘案すると、いまや四割ではきかないかもしれない。

知ってのとおり、賄賂、売春、麻薬、誘拐、密輸などがアングラマネーを構成しているのだが、これが中国経済の一部を支えているのも事実である。したがって、GDPの四割とみなされるアングラマネーを経済統計に含めて動向を見なければ、中国経済の実態は把握できないと思う。

結論からいえば、アングラマネーの動向を把握するのは無理だ。たとえば賄賂の額についても諸説あり、公安局の試算ではプロジェクトの一三～一六％、別の統計では二五～五〇％と乖離が激しすぎる。

渡邉　共産党や解放軍の幹部が受け取る賄賂をトレースするのはとても無理だが、中国の公務員が本給の三倍から四倍くらいの賄賂をもらっているのではないかと巷間いわれている。これはもはや定説となっているようだ。

北京の公務員の平均給与は一万数千元。彼らの生活水準は高く、支出はその三倍から四倍にも達する。このギャップを埋めているのが賄賂というわけだ。

この賄賂の部分を習近平国家主席が抑え込んでしまったのだから、景気が悪くなるのも当然といえる。

北京での贅沢禁止令はやりすぎと訴える人が結構いる。昨年六月からレストランは完全禁煙、最大の売り物の北京ダックがメニューから消えている有り様である。日本の政治家が政治局常務委員の要人に招待された高級店では北京ダックを特別に用意してくれたそうだが、一般人には無理な相談という話だ。

第2章

変貌する東アジア

台湾系メディアが三社しかないという現実

黄　日頃より日本の文化人やジャーナリストは台湾の政治経済について、理解が浅薄なような気がしてならない。

ひとつの具体例として、昨年末にシンガポールで行われた馬英九と習近平の首脳会談が挙げられよう。ほぼすべての日本のマスメディアは異口同音に「六六年ぶり、分裂後初の中台トップ会談」と報じたが、まずこれに対する認識が違うわけだ。台湾側は「中台」というコンセンサスは持ち合わせていない。これはあくまでも「国共」のトップ会談なのである。そこの理解ができていない。

なぜ日本のマスメディアはそこを取り違えてしまうのか。最大の理由は台湾のマスメディアにある。日本人はあまり知らないと思うが、**台湾のマスメディアのほとんどが中国主導**なのである。

現在、台湾資本のメディアはたった三社しか残っていない。テレビの三立電視、民視（民間全民電視）、新聞の自由時報のみ。あとは中国資本のメディアに牛耳られている。台湾メディアの大半は大陸側の立場、見方で情報発信しているわけで、そこを見誤ってはならない。

台湾側の自嘲の言葉として、「三明治《サンミンツウ》」というものがある。従来はサンドイッチという意味なのだが、「三（立）民（視）自（由）」と同音だからそこから転訛《てんか》して、台湾のマスメディアが中国勢に挟まれてきわめて劣勢にあることを自嘲《じちょう》している。

台湾のテレビはじめ多くのメディアと接触してきて私が実感するのは、なかなか自分の意見を発言、発信する場がないということである。ともあれ、先に挙げた台湾資本のメディア三社以外は中国側（いわゆる中資）の考え方を代弁する大陸メディアだと認識することが必要である。

渡邉　付け加えさせていただくと、台湾の新聞メディアは現在四強時代といえる。もともとは中国時報と聯合報が覇を競っていたけれど、一九九〇年代に比較的民進党寄りの自由時報が台頭し、二〇〇三年からしばらくの間は香港資本の蘋果日報（アップルデイリー）が人気を博した。

蘋果日報のオーナーは香港人実業家の黎智英（ジミー・ライ、一九四八〜）。アパレルのジョルダーノで財をなした。天安門事件後、中国に抗議するため大陸のジョルダーノ店舗で政府批判の文言のプリントTシャツを販売した筋金入りの反中派だ。ただ、ここは馬英九政権になってからは好き勝手に干渉され、事実上、崩壊状態になってしまった。

黄　名門といわれた中国時報は中国の旺旺グループに買収されてから、論調がガラリと中国寄りに変わってしまった。

先述したように、台湾系メディアは三社しかないから、それを意識しないで台湾の新聞やネットを読んだり、テレビを見たりしていると、だいたいは中国的な考え方に染まってしまう。そこが怖い。

馬英九（一九五〇～）香港出身。中華民国総統。ハーバード大学で法学博士号を取得し、米国で弁護士として活躍。台湾に戻ると政界入りし、一九九八年台北市長に当選。二〇〇五年に国民党主席選に出馬し勝利。二〇〇八年の総統選挙に出馬し八年ぶりとなる国民党政権奪回を果たした。中国寄りの政策に反対する学生による「ひまわり運動」などが勃発した。

天安門事件　一九八九年六月四日、胡耀邦の死をきっかけに、中国・北京市にある天安門広場に民主化を求めて集結していた学生や一般市民のデモ隊に対し、中国人民解放軍が武力弾圧し、多数の死傷者を出した事件。六四天安門事件とも呼ばれる。

利権政党に変わった国民党

黄　いかにして台湾の言論を守っていくか。私は数年前に若者を中心とするネット関係者を集めて、「われわれは中国系メディアにどう抵抗すればよいか」をテーマにずいぶん討論を重ねたが、集まったのは最大で四〇〇〇人程度のユーザー（視聴率のネット）だった。この程度の数では中国系のテレビ、新聞に太刀打ちするのは難しいと思った。これが問題点のひとつ。

もうひとつの問題点は、国民党が蔣経国の没後、従来のイデオロギー政党から利権政党に変わってしまったことである。

たとえば表立っては報じられていないけれど、国民党大物幹部が上海医療保険分野で中国に四〇〇億台湾元もの巨額投資を行っているように、中国共産党のトップと、台湾国民党のトップとが**利権関係でしっかりとつながっている**という一蓮托生の関係になっている。

私が懸念しているのは、日本の政治家と中国共産党の要人が賄賂というより、台湾絡みの投資で裏側で通じていることだ。たいていの日本のマスメディアの人たちは、「台湾とは違うから大丈夫」と簡単に返してくるのだが、私はつながりがないとはいえないのではないかと思っている。

また、沖縄の翁長雄志《おながたけし》知事と中国共産党とがどういう関係にあるのかは誰にもわからない。

ここ数年たびたび沖縄を訪ねて沖縄の人たちの話を聞いてきたが、翁長知事とまったく違うような考え方をしていることがわかった。私は翁長知事と台湾の馬英九の二人の私見は、民意が反映されていない点でそっくりだなという感想を抱かずにはいられなかった。これは日本の大きな難題だと思う。

蔣経国（一九一〇〜一九八八）浙江省出身。蔣介石の長男。一九四九年、蔣介石が台湾へ移ると、国民党台湾党部主任に就任。一九七二年に首相、さらに一九七五年に父の跡を継ぎ、国民党主席となる。政権後期、政党結成を許可し、戒厳令を解除するなど、民主化、自由化政策を断行。

台北にいてはわからない台湾の実状

黄　元来台湾は多言語、多文化、多文明国家であることから、アイデンティティに関してもそれぞれ異なる。当然ながら、地元台湾人と中国人とのアイデンティティも異なる。だから日本のメディアの駐在員の任期が三年程度というのはかなり問題があると思う。台湾についてある程度理解を深めてきたところで離任しなければならず、その繰り返しが延々と続いているからである。

日本のメディアの大半は台北にオフィスを構えて、台北の人間を通訳に雇う。だが、台北とはいってみれば、世界最大のチャイナタウンに他ならない。台北は結局、北京語しか使わない世界である。

北京語のみが通用するような台北に住む都会人には、まず台湾の実状はわからない。台湾全土の空気を掌握するには台北ではなく、南の高雄に行かないと駄目なのだ。

私がいま購読している日本の三紙の台湾に関する記事を読むかぎり、ネットとか国民党が発表した数字を引用しているものが多い。

台湾を本当に理解するためには、実際には北京語を扱えるだけではまったく不足である。英語もいいけれど、台湾でもっとも実用的な言語は台湾語と客家《はっか》語といえる。

残念ながら、日本の記者に台湾語と客家語、さらに北京語を操れる人はまずいないはずだ。

客家　中国語の方言である客家語を共有する漢民族の一部。主な居住地域は、中国広東省・福建省・江西省など山間部であり、梅州、恵州、汀州、贛州は客家四州と呼ばれる。在外華僑・華人としてタイ、マレーシア、シンガポールなどの東南アジア諸国に暮らす者も多い。

台湾はギリシャ以上の公務員天国

渡邉　台湾では公務員が退職すると、退職金を政府に預けてその利息を年金として受け取るシステムになっているのだが、驚くなかれ、**その利息が年利一八％とべらぼうに高いの**だ。これにはギリシャも真っ青である。
当たり前だが、このご時世で一八％以上の経済的利回りを生み出すものなどあるはずもなく、この年金システムはすでに事実上破綻している。ちなみに現在の台湾の銀行の預金金利は日本ほどひどくはないものの、二％前後でしかない。

八田與一の指揮の下、1920年に着工し10年後に完成した烏山頭ダム（八田ダム）。

台湾政府はこのシステムを維持するために毎年三〇〇〇億円以上の支出を計上しており、毎年のように年金システムの改革が叫ばれては潰されている。

この公務員年金システムは国民党の最大の利権といわれている。軍事独裁政権の時代、国民党イコール公務員であった。以降、台湾はずっと公務員天国であり続け、この利権を享受し続けてきた。

日本統治下からの資産を受け継いだ財閥と公務員、この二つがつくり上げている国家が台湾の実像といえよう。

それに対して、黄先生がいわれるように、農業地域である台中・台南とはかなり文化的差異がある。北回帰線が嘉義《かぎ》あたりに通っていて、最大河川の一つである濁水渓によって南北を分けられている。それ以南は冬も暖かい熱帯地域になる。北に位置する台北に関しては、日本に近い気候帯である。

つまり、台湾は島の真ん中あたりで、文化的にも気象的にもはっきりと分かれている。統治時代に日本が造った烏山頭ダムにより、台南は巨大な農耕地域として成功を収めたが、いまだその地位から脱却できておらず、台湾における南北の格差は凄まじく大きなものになっている。

黄　先般、日本のテレビ出演時に「台湾の公務員の退職金には一八%の利息がつく」ことを紹介したら、出演者たちは「まさか！」と驚くとともに、「羨ましい、自分ももらいたい」と大騒ぎになってしまった。いまの日本の銀行金利からすればとてつもない優遇なので、彼らは素直に反応したのだろうが、もう少しその背景に突っ込んでほしかった。

たしかに公務員の退職金に一八%の利息をつける年金システムはべらぼうなものだが、イコール、**国民党の選挙基盤はその年金システムによって支えられてきた**わけだ。

のみならず、台湾の各県知事も選挙対策で、高齢者に対して年金のばらまきを続けてきている。これらの非常識なシステム、恩恵を受けるほうからいえば既得権益を壊さないかぎり、今後の台湾はどうにもならない。ギリシャの二の舞となる可能性をはらんでいる。

これが今後の民進党・蔡英文政権の大きな課題となる。ではこれらの問題が解決可能かというと、既得権益を持っている人たちは全員反対なのだから、解決は不可能に近いのである。

蔡英文（一九五六〜）台北市出身。台湾大学法学部卒業後、米コーネル大学大学院で修士号、そして英ロンドン大学大学院で法学博士号を取得。台湾に戻り大学教授となった一九九〇年代、国民党の李登輝のブレーンとなり中国と台湾を対等とする「二国論」の起草にも携わる。二〇〇〇年の民進党政権誕生以降、副首相などを歴任。二〇〇八年に民進党主席に就任し、二〇一二年総統選では馬英九に敗れたものの、二〇一六年の総統選で勝利。台湾初の女性総統となる。

蔡英文政権の役割はパラダイム・チェンジを導くことにある

黄　戦後七〇年の総括をしなければ、台湾全体の事情はなかなか理解しづらい。台湾七〇年の経済史を見る場合には、三つの歴史の歩みがある。

ひとつは、戦後の蔣介石と蔣経国親子の時代。これは日本の江戸時代に近いような鎖国時代であった。

二つ目は、一九九〇年代以降、李登輝、陳水扁の時代である。台湾はようやく名実ともに開国を果たし、世界全体を見る目を持つようになったのである。

三つ目は、馬英九の時代。この八年間、中国にかぎりなく接近し、中国から離れられなくするような政策を採り続けた。

二〇一六年一月十六日 星期六 農曆乙未年十二月初七日

號外 贈閱

蘋果日報 APPLE DAILY

蔡英文當選

華人首位女總統

【林修卉／台北報導】民進黨總統候選人蔡英文今天當選中華民國第14任總統，成為華人歷史上首位女總統！蔡英文2012年在總統選舉落敗，但經過4年耕耘，此次大選中一路強勢領先，今天下午4時開票之後，她也始終大幅領先朱立倫、宋楚瑜兩位對手，終於跨越最後一哩路攀上頂峰，開啟台灣政治新頁。

3原則維持台灣穩定

第14任總統

蔡英文

資料來源：《蘋果》採訪整理

英仁接棒

蔡英文の勝利を伝える台湾紙の号外

2014年9月、懇談する李登輝元総統
©共同通信／アマナイメージズ

したがって、いまの台湾の最大の課題とは、いかにして中国のくびきから逃げ出すかに収斂《しゅうれん》されるわけで、私は、蔡英文の政権はこれさえ実現できればいいと思っている。

馬英九政権の台湾は中国ばかり向いて、世界に目を向けてこなかった。政治・経済はもちろん、マスメディアしかり、教育しかり、馬英九の政策はすべて台湾と中国の関係に集約させてきた。

これを台湾と世界の関係にパラダイム・チェンジするのが蔡英文政権の唯一かつ最大の使命なのだ。そして、そのためにどう努力をすればいいのかを蔡英文政権は台湾国民に示さなければならない。

蔣介石（一八八七〜一九七五）浙江省出身。中華民国初代総統。中国国民党総裁。孫文が起こした辛亥革命に共鳴し、日本から帰国後革命に参加。やがて孫文の信頼を得て幹部となる。孫文死後、権力を握ると日本、さらに中国共産党と戦い続けたが、敗れて台湾へ逃れた。以後、反共政治家として台湾を統治し続けた。

李登輝（一九二三〜）台北県出身。日本統治下時代、京都大学に留学。戦後、米コーネル大学で博士号を取得。以後、二〇年ほど大学教授を務めた後、蔣経国の抜擢で一九七八年台湾市長、一九八四年に副総統に就任。一九八八年蔣経国の死後、初の台湾出身の総統となり、一九九六年史上初の総統・副総統の直接選挙を行うなど、民主化に力を入れた。

陳水扁（一九五〇〜）台南市出身。台湾大学在学中に弁護士となる。その後、政治家に転身し台北市議、台北市長を経て、二〇〇〇年の総統選に民進党から出馬し当選、国民党支配を終わらせた。中国からの自主独立政策を進めたが二〇〇八年、立法院選挙敗北で党主席を辞任。総統退任後、収賄などの容疑で逮捕起訴され、懲役二〇年の裁定を受けた。

台湾企業にとり労働リソースとしての魅力が薄れてきた中国

渡邉　台湾の財界人の多くは中国を格安の労働リソースとして利用してきた。

国民党という利権グループと徒党を組んだのがいわゆる台湾のビジネスグループで、低賃金の中国の労働者をうまく使いながら、中国からの輸出を拡大してきた。彼らにとって、中国が実に旨味のある場所であったのは疑いようもない。

ところが、数年ほど前から中国の人件費が異様に上がってきた。それまで台湾の財界人は低賃金の労働リソース基地を中国に持っていたようなものだったが、環境が様変わりした。中国人ワーカーの賃金が急騰するとともに、中国の労働契約法の施行により、労働者の権利が手厚く保護されるようになった。そのため、製造業の現場の舵取りがきわめてやりにくくなると同時に、中国に進出している旨味がほとんど消滅してしまった。

そこで世界最大の受託生産企業であるフォックスコンの動きを見てもわかるように、東アジアのさらなる低賃金国に工場をシフトし始めている。こうした動きを**チャイナプラス**

黄文雄監修によるフォックスコンのテリー・ゴウ関連書籍（ビジネス社刊）

ワンと呼ぶ。

チャイナプラスワンの動きでもっとも早かったのは人海戦術をとるしかない、アパレル縫製業を代表格とする軽工業であった。たとえば日本のユニクロにしても、軸足を中国からベトナム、さらにはバングラデシュに移しているのが現状だ。

すでに現在は軽工業から重工業に移りつつある段階に差し掛かっており、その前提として一部の台湾系企業をはじめとする外資系企業の中国離脱に拍車がかかっているわけである。

そうした台湾企業の生産拠点の移転が進むなかで、今回、蔡英文政権への交代がなされた。中国との折り合いをどうつけていくのかは、台湾に課されたきわめて重要なテーマであるし、蔡英文政権が選挙公約どおり中国とべったりの関係を止めて距離をおくならば、中国ビジネスを減らした分を日本と米国に求めるしかない。逆にいえば、日米はそれを補完する立場にあるのだといえる。

黄　たとえば、渡邉さんのように経済に詳しい日本人の専門家が台湾政府にアドバイザーとして乞われて活躍するのは、やはり難しいわけである。もうあらゆる分野に利権関係が絡んでいて、それだけに日本のほうから口出しはできない環境になってしまっている。

いま私がいちばん希望しているのは、台湾の経済は中国向けだけではなく世界向けにこうすべきだという道筋を日本人が示すことである。

台湾の金融関係者の多くが指摘するのは、これまで国民党政府が発表してきた公式数字と民間が示した数字に乖離が生じていることである。

その最たるものが台湾の投資額についての数字で、台湾の全投資額のうちの中国向け投資の比率を国民党政府は六〇～七〇%としているが、実際には八〇%を超えているという。

台北の不動産バブルはとっくに弾けている

渡邉　はっきりいうと、**すでに台北は不動産バブルの崩壊局面**にある。私はここ三年ほど台湾で定点観測してきたのだが、ビルをバンバン建てていた中山地区の商業ビルの一階テナント部分が空き家だらけになり始めている。同様に、郊外の準工業地域である松山地区あたりに開発したニュータウンのビル街の一階テナントもガラガラの状況だ。

こんな悲惨な状況をもろに反映する形で、台北の不動産の利回りは一％を切ってしまった。〇・六〇％前後が現在の実質の不動産利回りなのである。

これではどう考えてもやっていけるはずがない。片方で公務員年金に一八％の利子を払い、運用母体がまわしている利回りが〇・六％。要は完全に二〇％ずつの逆ザヤに陥っている。だから先に示したように、台湾政府は公務員年金用に毎年三〇〇〇億円以上にのぼる支出を招いているのだ。このいびつさについて指摘する日本のメディアにお目にかかったことがないのはなぜだろうか。

とにかくもう台湾でバブルは弾けている。それをずっと国民党は誤魔化してきたけれど、新政権はこれに対応しなければならない。

馬英九政権がつくった膨大な財政赤字

黄　渡邉さんが指摘されるとおり、台湾の不動産バブルはとっくに崩壊している。当然、今回政権を奪取し新総統となる蔡英文はバブル崩壊の現実を承知している。政権交代前にすでに対策委員会を設けて、専門家たちからさまざまなアイデアと知見を授けてもらう体制をつくったはずだ。

私が懸念するのは、台湾の財政赤字についてである。台湾の国家予算は約七兆円程度なのに対して、馬英九政権が大盤振る舞いした結果、目下二二・五兆台湾元（約一〇〇兆円）の赤字を計上している。この財政赤字をそっくり蔡英文政権が引き継ぐことになる。

ただ救いは日本の財政赤字に似ているところであろう。台湾政府の借り入れ、あるいは台湾政府発行債券を購入しているのはほぼ国内企業であって、海外から資金調達したものはわずかであるということだ。国内借り入れと海外からの借り入れでは、まったく立場が変わってしまう。デフォルトの危険性は一〇〇%ないとは言い切れないが、台湾は日本同様、ほとんど海外に利息を払う必要がない点では有利といえる。

そもそも台湾は債務国家ではなく、債権国家であることから、民間からどんどん資金が入ってくる。

私の蔡英文政権に対する心配は、馬英九政権がつくった大幅な財政赤字とどう折り合いをつけていけるのかが一つ、もう一つは地方の財政赤字にどう向き合っていくかである。

日本のメディアが報じることはまずないと思うが、台湾の地方財政ははなはだ深刻な状況に陥っている。一例をあげると、苗栗県では公務員や学校教師の給料さえ払えない状況が続いている。

国家デフォルトの心配はないとはいえ、ここまで財政赤字が膨張し苦境にあえぐ現実を前に、蔡英文政権としてもなかなか動きがとりづらい。新政権は新たな外交政策により、日本や米国から経済方面の支援を受けながら立ち回っていくしかないのではないか。私はそういう予想をしているし、そうでないと台湾はやっていけない。中国も欧州も頼りにはならない。

また、そうすれば、日米両国とはさらに緊密な関係を構築できるはずだ。

引退した公務員が新卒給与の三、四倍もの年金を受給している異常さ

渡邉　ただし台湾は、政府財政は大赤字だが、国家財政については黒字なので、国内で国債を償還している分には、日本と同じでさほど問題はない。私が危ぶんでいるのは、台湾では日本以上に少子高齢化が加速度的には進んでいるということだ。その状況のなかで過疎化も進んでいる。これまた日本に似て、田舎にはどんどん人がいなくなっている。

そんななかでまたぞろ蒸し返すようだが、一八％の利息を保証する公務員年金はとてつもない負の資産となって、台湾の将来の前に立ちはだかっているわけだ。

この滅茶苦茶な公務員年金システムを本来は一日も早く壊さなければならない。いまの社会構造を維持できないのは台湾人全員がわかっているのに、壊すだけの力がどこにもな

い。

黄　そう、台湾人は皆わかってはいる。公務員の退職金に対する利息一八％を一挙に取り消すのは不可能だから、段階的に一五％、一三％、一〇％と時間をかけて下げていく以外に方法はないと私は考える。

渡邉　台湾で目立つのは公務員の共稼ぎが多いことだろう。

信じられないことに、現役を**引退した公務員が新卒給与の三、四倍もの年金を受給しているこ**とだ。こんなひずんだ構造体のなかで、台湾の若者たちはフラストレーションを溜め込んできた。

中国資本の餌食となった台湾

渡邉　一昨年三月、台湾政府が批准しようとした対中サービス貿易協定に反対する学生デモが立法院議場を占拠した「ひまわり学生運動」には明らかにそうした下地があった。

学生たちが立ち上がったのは、中国の常套手段ともいえる汚い手口にもあった。台湾に大陸からの観光客が押し寄せ、爆買いをしたところまではよかった。ところが、中国人は台湾にどんどん資本投下して、ホテルも観光バスもレストランも土産物店も中国資本の息

2014年春、サービス貿易協定に反対する学生が立法院に突入。非暴力を強調し、平和的な座り込みで周辺を占拠した

©Craig Ferguson/Demotix/Corbis/amanaimages

のかかったところという具合に、すべてを自前で回すようになり、労働者まで大陸から連れて来るようになった。台湾には雇用もお金ももたらさなくなった。

台湾の実例を見て、**日本も中国観光客との付き合いかたを考え直さないといけない**のではないか。北海道の観光地あたりがすでに中国資本の餌食になっているのはおおいなる懸念材料である。

黄　台湾ではこういわれている。「台湾が中国からもらったのは小便と大便だけで、お金はみんな中国へ持って行かれた」と。日本もうかうかしていると同じ目に遭わされるのではないか。そろそろ爆買いから次のステップに入る踊り場の場面に来ているような気がしてならない。

渡邉 アフリカやスリランカあたりの港湾開発や鉄道敷設のインフラ建設でも中国はやりたい放題を繰り返して、現地のひんしゅくを買いまくっている。原材料も労働者も大陸から調達し、現地に瞬く間にチャイナタウンをつくって自己完結に突っ走るので、現地はなにも潤わない。現地の役人が中国側から賄賂を貰うだけというパターンである。

李登輝の時代には中国との関係を薄めていった結果、中国からの投資よりも台湾から中国への投資が多かったので、台湾の景気がよかった。約六％のGDP成長がつづいていた。独立の方向に動こうとした陳水扁の時代には、今度は景気の悪化を理由に政権を潰された。そこで中国にもっと投資しよう、中国との関係を深化しようと主張した馬英九政権が生まれた。

中国と接近したのはよかったのだが、中国相手においしい思いをできるのは大衆ではなく、馬政権に近いごく一部の財界人と企業家のみであった。「紅頂商人」ともいわれる。その彼らも中国の景気後退を受けて、中国以外の場所に生産拠点のシフトを始めており、今度は馬英九がかつての陳水扁のように潰されてしまった。いってみれば、中国との関係性をめぐり、政権交代を繰り返している、翻弄されているのが台湾政治の姿といえる。

黄 大陸中国人の爆買いと一時大騒ぎしたけれど、実際に統計数字を見ると、いわれるほどのものでないのがわかる。GDPの〇・五％あるかないか、そんな程度なのに、**馬英**

九前総統は中国人観光客の貢献を大々的に喧伝していた。

渡邉　馬英九時代には、中国人によって荒らされる観光資源の問題とか日本人観光客の減少のほうには頭が回らなかったようだ。

先般台北に行ったときにタクシー運転手に「中国人は多いの？」と聞いたら、「大陸の人はタクシーには乗らない」と首を横に振っていた。「日本人とか欧米の観光客はタクシーを使ってくれるけれど、中国から来る観光客はわれわれにお金を落そうとはしない」と憤懣やるかたない様子であった。

続けて、その運転手は真顔でいった。「中国人観光客は団体でうるさいうえに、マナーがなっていない。大切な観光地を荒らしまくっているので、良いお客さんが来なくなるのではないかと心配している」と。

不思議きわまりない台湾に対する日本人のビヘイビア

黄　メディア関係の仕事を続けて半世紀がすぎたのだけれど、不思議と日本人は台湾の政治や経済に関して特段興味を持たないようである。

私がいくらメディアに露出して台湾の現状を懸命に説明しても、日本の人たちは台湾に関する論文も本もあまり読まない。そうした無関心さとは裏腹に、一昨年に台湾を訪れた外国人観光客のなかで日本人はトップであった。

日本人観光客は多いのに、日台関係は密接なのに、なぜ台湾に関する本を日本人は読もうとしないのか、私はかねがね不思議に思っている。

渡邉　日本は良くも悪くも島国として独立体でやっていけるので、他の国にあまり興味を持たなくても、おそらくふつうに生きていける。日本人の九〇％以上がそう思っているからではないか。

東アジアという大きな構図で見ると、中国、日本、ロシアという三つの大国に隣接し、常に触れ合っているのが韓国と台湾ということになる。

台湾の歴史をさかのぼれば、一七世紀初頭にはオランダの植民地、中盤に鄭成功の残党がオランダを追い出した後には清国が台湾を併合、二一二年間統治した。一八九五年の下関条約により、今度は日本に割譲された。そして国共内戦を経て、戦後を迎えた。

文化圏的には大量に大陸から渡ってきた福建人の影響が濃いが、二〇世紀の初頭に至るまで、台湾の三分の二にあたる土地は原住民のものであり、独特の文化を維持していた。

鄭成功（一六二四～一六六二）肥前国（長崎県）平戸生まれ。日本人の母と中国人の父の間に生まれ、七歳で明に渡航。明滅亡後、明朝復活を目指しながら戦いを続け、台湾のオランダ人勢力を駆逐するなど活躍を遂げた。近松門左衛門の浄瑠璃「国性爺合戦」のモデル。中国、台湾双方で英雄とされている。

下関条約　一八九四～一八九五年の日清戦争後、下関で日本と清の間で結ばれた講和条約。遼東半島、澎湖島、台湾の割譲、賠償金支払い、日本の治外法権、片務的協定関税率の了承などが盛り込まれた。のちのロシア、ドイツ、フランスによる三国干渉で、日本は清に遼東半島を返還。

縄文文化を共有した歴史を持つ台湾と日本

黄　実質的に台湾が一つになったのは、日本統治下の第五代目の台湾総督・佐久間左馬太大将が中央山脈に住む三〇〇におよぶ原住民（山岳民族）を征服してからである。それまでの台湾においては西部海岸、東部海岸の一部が文明開化されていたものの、それ以外のところは原住民が支配し、対外との交流はほとんどなかった。

日本の台湾統治は半世紀におよんだが、台湾と日本の関係について日本側はあまり積極的に説明していないような印象を受ける。

実は台南地区から縄文土器が多数発掘されており、近年、ここが縄文文化の中心地であることが判明した。日本のメディアはあまり伝えていないのだが、台湾の原住民は縄文人で日本とつながっていた。

大陸の影響が大きいという定説は誤りで、ＤＮＡで調べてみて、もっとも縄文人に近いのが台湾の原住民であることがわかっている。

縄文文化を共有しているのにかかわらず、なぜか日本人はそのことをあまり強調したくないようだ。特に日本の文化人は台湾と中国の関係ばかりを強調していた気がする。私の学生時代、台湾も中国ではないかと周囲からずいぶんいわれたことを思い出す。

渡邉　台湾の原住民族は沖縄とかポリネシア系民族とほぼ同じ南方系の民族だ。彼らは皆海洋民族なので、DNA的には相似している。

台湾は南北に中央山脈が走る高山国で、三〇〇〇メートル以上の高い山が三〇〇近くあることから、福建から流れてきた連中にとり島の東側に行くのは至難の業であった。そうした地形のため、中央山脈を境に文化的に東西で大きく分かれているし、なおかつ南北においても大きく異なっている。

台湾と中国は民族としては別だが、言語圏として現在の台湾は間違いなく中国言語圏だと思う。

黄　いや、**漢民族は共通の言語を持たない**。要するに漢語は存在せず、文字だけが共通しているのだ。私の住んでいた町の隣近所でもまったく言葉が通じなかった。しかし、書けばわかった。

私の幼少期の共通語は日本語で、戦後になってはじめて北京語になった。北京語になると、それ以前よりもさらに隣近所で言葉が通じなくなってしまった。そういう社会だったのだ。

私の世代では公用語が日本語で、家庭内の会話も、喧嘩も日本語を使っていた。日常生活全体の七割が日本語を使っていた。中国語言語をしゃべっているのは、戦後大陸から渡ってきた中国人だった。

当時の台湾の識字率は高くなく、褒められたものではなかった。昔の台湾、中国、韓国は四書五経中心の教育方針だった。あれは作文と読み書きさえできれば十分だという考えで、日本的ないわゆる近代国家としての国民教育と実業教育がなかったのだ。

佐久間左馬太（一八四四〜一九一五）山口県生まれ。陸軍大将。台湾総督・東京衛戍総督・近衛師団長等を歴任。台湾総督時代に市街地のインフラ、縦貫鉄道の全通、博物館の開設、阿里山森林の伐採、理蕃事業などに尽力。これらの功績により勲一等旭日桐花大綬章を受章。

変わらぬ台湾人の日本に対する親和性

黄　台湾について個人的な将来の構想を申し上げたい。

たとえば欧州諸国などとは、とりたてて緊密な外交関係を育てる必要はあまりないと私は考える。極論を述べれば、台湾は日本と米国とさえ密接な外交関係を構築すればいいのではないか。そうすれば台湾は全体的に変わっていける。

近代国家としての台湾の生き方はこれだけで十分で、東南アジア諸国についても、あまり緊密化する必要はないのではないか。

たとえば私が日本に来た子供連れの台湾人観光客に、「日本は物価が高すぎる。そんなにお金をかけて日本の春夏秋冬を見に来なくたっていいではないか。他の東南アジアの国のほうがずっと安く楽しめるのに」と話しかけると、まず十中八九こう返される。

「日本以外の国は子供の教育に良くない」

つまり、台湾人は台湾よりも文化レベル、経済レベルの低いところには子供を連れて行きたくない。お金がかかっても子供の教育のために、台湾よりすべての面でレベルの高いところに連れて行きたいと考えているのだ。しかも台湾人の若い世代ほど、そういう見方が強い。そうした関係で台湾と日本がつながっていけばいいのだと思う。

渡邉　九州とほぼ同じ面積を持つ二三〇〇万台湾人にも変化が見られる。先刻、黄先生が台湾は日本と米国だけと密接な関係を保てばいいのだといわれた。たしかに以前は台湾の富裕層や優秀な人材のほとんどは日本に留学して学んだけれど、いまは米国のほうが多い。

その傾向は台湾政界、財界、芸術界で活躍する人たちにも反映して、やはり米国留学組が日本留学組を上回っている。

3.11東日本大震災でがれきの中をかきわけて懸命の捜索をする自衛官

しかしながら、台湾人の日本に対する親和性は変わっていない。その最大の証明となったのは、一九九九年の九月の9・21台湾大地震、二〇一一年三月の東日本大震災、両国が大地震に見舞われた直後の国民的な支援運動であった。

黄　東日本大震災直後、台湾の人たちは早急に多額の支援金を集めた。もしも中国本土が大地震に襲われたとしても、台湾人は絶対にそういうアクションは起こさない。なぜなら支援金が共産党幹部のポケットに消えてしまうのを台湾人が知悉《ちしつ》しているからに他ならない。

台湾人が韓国人を嫌う理由

黄　歴史を振り返ると、台湾には日本に対して特別に寄付金を贈るような土壌があったようだ。

日本統治下時代、台湾総督府の三代目総督の乃木希典《まれすけ》中将は、一朝日本が有事となった際、台湾人が日本政府に対して多額な寄付金を送ったとする記述を残している。

日露戦争当時の記録を調べると、最大の寄付金を集めていたのが東京、二番目が大阪、そして三番目が台湾だった。日露戦争当時はまだ日本の台湾領有期間はまだ一〇年ほどしか経っていなかった。にもかかわらず、東京、大阪に次ぐ寄付金を送ってきた。

日露戦争にかぎらず、台湾が日本贔屓《びいき》というか、日本に対して特別な感覚を抱いていたという。

七代目の台湾総督・明石元二郎が郷里の福岡で亡くなったとき、台湾に彼の家族が教育資金にさえ事欠くという窮状が伝わってきた。明石総督は台湾の電力、鉄道、金融部門の近代化を推進した恩人であった。また清廉な気性で、賄賂は一切受け付けなかったことを台湾の人たちは知っていた。台湾では彼の死後一週間のうちに膨大な寄付が集まり、明石家に送られた。
同じようなことが四代総督・児玉源太郎が死去したときにもあって、すぐさま江ノ島と徳山の児玉神社がつくられた。なぜ台湾人はそうしたアクションを起こすのかは解明されていないが、いざというときには懸命になって義援するような風土が台湾にはもともと根付いていると私は考えている。

渡邉 台湾から届いた東日本大震災に対する義援金二五〇億円によって、日本人の台湾への見方が変わったのはたしかだと思う。あの悲劇がきっかけとなって、日本と台湾が古いパイプから新しいパイプへのつなぎ換えができたのではないか。

この真逆にあたるのが日韓関係だろう。自殺した盧武鉉《ノムヒョン》元大統領が二〇〇五年に、日本統治時代に親日派であった人たちの子孫の財産を没収するという暴挙を働いたため、日韓関係は完全に冷え込んでしまった。それまでは親韓国派で韓国から勲章をもらった電通経営者を中心に日本のメディア界はずいぶん韓国を持ち上げてきたが、盧武鉉元大統領の正気の沙汰とは思えない行動を機に、そうした動きは消滅した。

一方、同じく日本の統治を経験した台湾は反日的な工作を一切行なわなかった。

黄 私はちょっと韓国の見方が違う。韓国のさまざまな反日の行動を見るかぎり、ジコチューでご都合主義、まったく根拠のない夜郎自大的なところは中国と瓜二つだが、一種独特な恥知らずなところは病的にさえ映る。だから韓国を知るのには、日韓の過去だけの関係分析をするのは無理だ。

台湾のセンサスを見ると、台湾人がいちばん親しみを持っているのが日本人と米国人で、逆に嫌われる筆頭が中国人、二番手が韓国人で、この順位は将来も不変と思われる。中国人、韓国人が嫌われる理由は先に示した共通の国民性を持つからに他ならない。

乃木希典（一八四九～一九一二）東京生まれ。陸軍大将、教育者。日露戦争における旅順攻囲戦の指揮、明治天皇の後をおって殉死したことでも著名。総督時代に教育勅語の漢文訳を作成して教育に取り組み、現地人を行政機関に採用するなどに努力。日本人には現地人の陵虐および商取引の不正を戒め、総督府の官吏についても厳正さを求めた。

明石元二郎（一八六四～一九一九）福岡県生まれ。陸軍大将、第七代台湾総督。日露戦争時の諜報活動も有名。総督在任中は台湾電力を設立し水力発電事業を推進。鉄道海岸線を敷設し、台湾人にも帝国大学進学への道を開き、華南銀行を設立するなど活躍も、在任中に死去。「必ず台湾に葬るように」との遺言によって、台北市三板橋墓地（現在の林森公園）に埋葬。

児玉源太郎（一八五二～一九〇六）山口県生まれ。陸軍大将。日露戦争時に満州軍総参謀長として勝利に貢献。台湾総督時代に後藤新平を台湾総督府民政局長（後に民政長官に改称）に任命し、全面的な信頼をよせて統治を委任。児玉と後藤の統治により日本は台湾を完全に掌握することに成功した。

盧武鉉（一九四六～二〇〇九）元韓国大統領。貧しい家に生まれ苦学しながら司法試験に合格。弁護士として活動後、一九八八年、国政選挙に当選し政界へ進出。二〇〇二年、大統領選に出馬し当選。日本統治を経験していない初の大統領。退任後の二〇〇八年から不正献金疑惑が起こり、翌年、事情聴取をされ、自ら命を絶った。

第3章

国民党時代の終焉と中国

高齢者に対するバラマキ政策

渡邉　前章で示したように、いま現在の退職公務員が受け取れる年金利回りは一八％である。ところがこれは変動金利なので、台湾の金利が上がれば、年金利回りも同時に上がる仕組みになっている。ちなみに現在の台湾の銀行金利は一・八％だから、公務員退職者には一六％以上のプレミアムがついていることになるわけで、あらためて驚かされる次第だ。

黄　台湾各地では、民進党、国民党問わず、それぞれが支配する県においても医療をはじめとする高齢者優遇政策のバラマキ競争が行われている。台湾ではさすがに航空機は別だが、新幹線については近年まで六五歳以上は半額割引で、日本では考えられない優遇が与えられている。

渡邉　台湾はもともと軍事独裁であり、それはすなわち公務員国家であった。さらにいえば、国民党員イコール公務員だった。それが高齢化問題と絡んで、台湾の財政を猛烈に圧迫している。

黄　ただし信頼筋の調べ（陳水扁総統時代）によると、国民党はいまだに八四〇〇億台湾ドルにのぼる潤沢な資金を有しており、依然として世界一の金満政党であるという。聞くところによると、党内の広東系グループが分散管理しているらしい。あの李登輝党主席の時代でさえも、党の財産がどれほどあるかを正確に把握できていなかった。

渡邉 なぜ国民党がそんな膨大な資産を蓄えているのか。答えは簡単である。中国から持ってきた富と、日本の放棄した利権をすべて私物化したからに他ならない。

黄 「中国四大家族」の筆頭だった蒋介石が中国から持ち去ってきた黄金は一九五四年までに全部使い切ってしまい、あとはほとんどが日本統治下の台湾総督および企業と日本民間人約四〇万人からの遺産で食いつないできたのが実相だ。

ところで、私は高雄県の出身だから覚えているのだが、かつては南シナ海の南沙（戦前では新南群島と呼ばれ、現在は太平島と呼ばれる）諸島の島々は高雄州高雄市が管理していて、平田群島と呼ばれていた。平田末治という日本人貿易商が発見した島嶼だったから、米国政府の地図にも「Hirata Islands」と堂々と書かれていた。

日本はサンフランシスコ講和条約でそこを放棄したことになっているが、実際には**日本もこの領有権問題に介入する権利があるのではないか**。黙っていては駄目だ。南シナ海の島々はもともと日本人が発見したものだとなぜ主張しないのか。日本のマスメディアもその事実について知っているはずである。

たしか平田氏が一度台湾政府に資産の返還要求のアクションをとったような記憶がある。

台湾の新聞がその件を伝えたが、日本ではそうした報道はなかったようだ。

ほぼ一〇〇％が反中国の台湾ネット世代

渡邉　日本と台湾を語る場合にいちばん大きな出来事は、一九四五年に敗戦によって日本が統治権を失ったことで、その次が一九七二年の日台断交ではないかと思う。そして、二〇一一年の東日本大震災を契機に日本と台湾の新たなる親密関係が芽生えてきた。

一方、台湾の旧世代の政界、財界、言論界などの重鎮、つまり台湾の初代民選総統に就任した李登輝氏、自由時報の董事長の呉阿明氏などのいわゆる日本語世代が年齢的に消えつつある。さらに次の世代を担ってきた財界の三八会の面々も七〇の半ば、後半になりつつある。その次の台湾を担う世代とどうつながっていくかが日本側にとって非常に大きな課題となっていた。

黄　台湾は様変わりした。あれだけ国民党下で学校教育、マスコミが洗脳教育を行っても、中国人アイデンティティを持っているのはわずかしかいない。二〇一五年七月に政治大学が発表した調査結果によると、自分が台湾人だと思う人は過去最高の五九％、台湾人であり中国人であると自覚する人が三三・七％、中国人であるとする人はたった三・三％

しかいなかった。

特にネット世代はほぼ一〇〇%反中国だ。どういう理由なのか、その全貌は理解できないのだが、ネット世代はいくら洗脳教育をしても、台湾アイデンティティが根を下ろしているような感じがする。

われわれの世代はほとんどが反日教育だったが、逆に学校が信用されなくなってしまった。要するに、学校教育とわれわれが実際見てきたものとまったく違ったからだ。だから信用しなくなった。

渡邉　同じように反日教育をした韓国と台湾では、まったく国民性・文化性が違うということになろう。台湾の人たちは黄先生が言及するように、国民党の支配が厳しかったがゆえに、前の統治者であった日本のほうが良かったという話になっている。それもわかるけれど、メンタリティの部分で両者にこれほど大きな差異が生じている原因は、やはり台湾が島国であるという地政学的な要素が大きいのではないか。

定年という概念が薄い台湾人

渡邉　近年大きな問題に発展してきたのが、海外に出て行った多くの中国人、韓国人が現地で自国をつくるというか、自国の堅固なチャイナタウン、コリアタウンというコミュニティをつくってしまうことである。北米から中東、アフリカに至るまで、彼らが自前の論理を通そうとするので、そこで文化衝突となり、世界中で揉め事を引き起こしている。

そうした中国人、韓国人の振る舞いとは正反対なのが、日本に住みついた台湾人の姿勢である。台湾人で日本に帰化している人は結構多い。中国人、韓国人と台湾人のメンタリティの違いはどこにあるのか。

黄　個人的に接触する中国人、韓国人については、私とはまったく考え方が違うようだ。いちばんわかりやすいのは、中国大陸出身の石平氏との差異である。彼は六〇歳を過ぎたらテレビなどのマスコミの世界から引退したいと話していた。それを聞いて、私は変だなと率直に思った。なぜなら、われわれ台湾人は李登輝みたいに、九三歳になっても街頭に立ってマイクを握りたいと考えるわけだから。

台湾の人間には定年という概念はあまりない。自分たちは生きている間は、とにかく自分の夢や理想を目指して頑張る。それが台湾人なのだが、中国人にはそういうところがあまり見られない。

もうひとつ、われわれと中国人が大きく違うところは、個人主義とは次元が違う中国人の「ジコチュウ」は実に想像をはるかに超えるものだ。自分のこと以外にはほとんどなんの関心を示さず、これは学者であろうとビジネスマンであろうと何だろうと変わらない。要は、彼らは他人のことなどどうでもいいのである。それが**中国の公害の原因**なのだろう。
私の経験からすると、いくら評判が悪い人であっても、日本人には思いやりがある。ところが、中国人にはそれがない。いや、同じ中国人でもアカの他人なら、「早く死ね」と願っている。民族の違いは、思考ベースの違いだ。

渡邉 それが政府を信用しない中国人、お上意識が強い日本ということになるのかもしれない。アベノミクスにしても経済政策にしても、日本人の多くは「安倍さんが何をしてくれるのだ」、つまり自分が何をしてもらえるのかという意識がまずある。中国人の場合は、政府そのものを最初から信用していないから、自分が儲けることしか考えていないわけで、そこに大きな違いがある。

民進党勝利に貢献した米国PR会社による演出

渡邉 台湾では長らく国民党イコール公務員、軍人の図式が成立していた。中国共産党を中国国民党に入れ替えただけの一党独裁体制が一九九六年の普通選挙導入まで続くなか、贈収賄ではないものの、厚遇することで彼らは国民党の大票田、母体になっていた。

時代力量の候補、ミュージシャンとして有名なメタルバンドのフレディ・リムも当選した

だが今回の国政選挙は違った。新竹、桃園など公務員宿舎が集中する地域においても、民進党がほぼ勝利した。国民党が優勢だったのは台北市内の一部ぐらいであった。

選挙結果としては、圧勝した民進党のなかでも古い政治家は落選の憂き目を見、日本の自民党が経験したような新旧交代劇が行われた。

事の善悪は別にして、李登輝が支持する台湾団結連盟は立法委員選挙で議席のすべてを失う敗北となった。逆に、二年前にヒマワリ学生運動を起こしたリーダーらが立ち上げた「時代力量（時代の力）」は立法院選で五議席を獲得した。

今回の民進党の選挙手法は従来のものと明らかに違っていた。民進党は米国のＰＲ

会社を雇って、細かなプロットを組み、選挙戦を優位に進めた。一昨年の香港の「雨傘革命」も米国のPR会社の演出指導であれだけの盛り上がりをみせたわけだが、今回の台湾の選挙も彼らがお膳立てをしたのである。

法の規制が厳しくなったので、私にいわせれば、選挙そのものは面白味を欠いた。選挙戦前から国民党の敗北が確実だったこともあり、国民党はこれまでのような大盤振る舞いをしなかった。以前であれば、さまざまなユニークな選挙グッズが飛び交っていたのが、今回は候補者の顔写真が入ったポケットティシュが配られていた程度。従来のような過剰なお祭り騒ぎからずいぶんと地味な選挙になったな、というのが偽らざる印象であった。

国民党の常勝・花蓮県で勝利した蔡英文の側近

黄　そんな地味な選挙のなかでのハイライトは、花蓮県での民進党の勝利であった。

東部の花蓮県選挙区は国民党系の「鉄板の不敗県」とされる大票田で、ここでは民進党候補者のポスターすら貼らせてもらえない。そこに蔡英文の側近、民進党の蕭美琴（一九七一〜）が落下傘として立法院選に立候補し、辻説法で戦い抜いた。とはいえ対立候補は同区で二期当選を果たしてきた現職国民党議員。蕭美琴候補が勝つか負けるかが、今回の選挙で非常に注目されていた。
結果は、蕭美琴候補が一万票以上の差をつけての大勝、国民党の金権選挙の限界を知らしめる結果となった。
一敗地にまみれた国民党であったが金門島での議席は死守した。ここは歴史的に、地政学的に軍人が圧倒的な支持を集める場所であることから、さすがに逆転を許さなかった。

渡邉 民進党が大勝したとはいえ、これまで官僚イコール国民党といわれる台湾の官僚組織を崩すのは容易ではない。中央ではトップの長官と秘書ら数名入れ替わるだけで中央の官僚が入れ替わることはないからである。
しかし、地方レベルにおいてはラインが全部入れ替わる可能性が高い。

黄 ところが、新総統となる蔡英文の任命権がどれほどかというと、それはかなり心許ないものがある。たとえば、日本側の駐日代表処の代表選については総統が任命できるのは一名だけで、任命された代表は数人の側近を台湾から連れて行くことができるが、せいぜいその程度なのだ。駐日代表処の総勢は一〇〇数名でほぼすべてが国民党員だから、民進党の出向者は日本では国民党に完全に包囲されることになる。
ことほど左様に台湾外務省（外交部）人事課はほぼ中国人で占められている。かつて私の友人が駐日代表処の代表を務めていた頃、外務大臣室で外務大臣に「外務省人事課にせめて一人は台湾人を入れるべきだ」と提言したら、「ここでそういう話をしないでくれ、外で話そう」といわれた。つまり、省内では常時盗聴されているわけである。

政権交代したといっても、特務機関から監視されている状況なのだ。

中国の圧力による台湾人アイドルの謝罪放映が逆風となった国民党

渡邉　今回の選挙日直前に起きた事件が民進党に追い風となったことを知る日本人は少ないだろうから、ここで説明しておこう。

一三歳から韓国に渡った台湾人アイドルの少女が昔、台湾国旗を振っている場面を韓国のテレビ番組が報じた。それが中国のネットで拡散。中国当局から入国拒否された彼女が陳謝する映像が流されたのだが、明らかに演出映像であった。原稿を持ってアイドルが謝罪文を読む姿は、まるでアルカイダに捉われの身となった捕虜のようだった。

民進党の演出を請け負っていた米国PR会社が、それをここぞとばかり利用したのは想像に難くない。同ニュース映像は選挙前日の深夜から選挙当日まで、台湾のテレビ全局で流され続け、ただでさえ劣勢を伝えられていた国民党には致命傷となった。

テレビに映る台湾人アイドルの姿は、中国に苛《いじ》められて、好きでもないのに付き合わな

韓国アイドルグループTWICEのメンバーである台湾人ツウィ（周子瑜）は「世界で美しい顔」の13位（写真中央）　©Hu wencheng - Imaginechina/amanaimages

ければいけない、謝らなくてはいけない、そういう台湾の人たちの心情をそのまま投影したものであった。

当然、選挙にも大きく影響し、国民党側には予期せぬ強烈なアゲインストの風が吹いた。選挙前日に新聞社系列の世論調査会社トップから聞かされていた予測より、一五も多くの議席が国民党から民進党へと流れたのだ。当落線上の候補者が民進党に流れたのに加え、比例においても五議席程度民進党に振れた。

一時はかなりの支持を集め選挙の目玉になるかと思われた時代力量も、民進党の勢いに食われる形となった。比例でうまくいけば五、六議席取れるかと言われていたのが、結果は二議席に留まった。

先に紹介した台湾人アイドルが絡んだ事件を見た人たち。そして、若い世代のみならず、国民党を受け付けなくなった人たちが政権担当能力のありそうな民進党を選んだ結果であろう。

終焉を迎えた国民党のバラマキ型選挙

黄　あの事件はハプニング以外なにものでもなかったが、国民党体制の瓦解を大きく促すものとなった。

これまでの民進党と国民党の選挙運動のスタイルは実に対照的であった。毎回民進党は懸命にドブ板選挙運動を行い、集会のたびに数万人を集めてきた。かたや国民党はろくすっぽ選挙運動を行わない。国民党の手法は、事前にカネをばら撒いて票田、票数を固めておき、後は投票日をじっと待つというものであった。

今回の選挙の最大の特徴は**カネで票が買えなくなった**ことだろう。従来の国民党の選挙手法がまったく通用しなくなったのだ。カネだけばらまいて、果報を寝て待つという時代が終わったのだ。

渡邉　ブタの貯金箱は民進党のシンボル。選挙資金の乏しい民進党は、このブタの貯金箱

少額寄付を募る民進党の庶民派PR活動の象徴である子豚の貯金箱を持つ支持者
©朝日新聞社/amanaimages

を回してカンパを集めた。

私が少なからず衝撃を受けたのは、今回の選挙についての台湾財界の姿勢であった。日本とのつながりが深い台湾三八会の幹部を取材したら、「今回の選挙は国民党にも民進党にも敢えて触らなかった」と返された。これは、台湾財界は最初から敗北がわかり切っている国民党を応援して下手を打ちたくなかったことを意味するという。だから、国民党側メディアの報道にもあまり身が入らなかった。

黄　いままで強力に支援してきた親国民党派が消極的になった。そして、米国も中国も国民党を支援しなくなったという側面が強かった。

これまでは外交関係がないにもかかわらず、日本の外務省は中国の手ほどき受けて一九九〇年代後半から台湾の国内選挙を妨害してきた。このことを認識する日本人は少ないのだろうが、われわれはひどく憤慨していた。ただし中立の立場をとる安倍政権になってからは、外務省もおとなしくなった。

ところで、今回大敗を喫した国民党にどういう状況が訪れるのかを考察してみたい。

蔣介石、蔣経国時代の国民党は間違いなくイデオロギー政党であった。だが、蔣親子が亡くなってからは結局、金で動く利権政党に変わってしまった。国民党の首脳部の大半が中国と金まみれの関係となった。

今回の選挙敗北により鮮明化するのは、国民党の崩壊現象が顕わになることだ。大敗を喫した立法院における国民党の議席は二〇一二年の六四議席から三五議席にまで激減した。対する民進党は過半数を大きく上回る六八議席を獲得、初めて立法院長（国会議長）を選出するに至った。台湾政治史上、国民党以外の党から立法院長を送り込むのは初めてだ。

さらに、三五まで減った国民党の議席数は来年には二五を割るのではないかと、私は確信している。理由は国民党時代の終焉という「潮目」を感じた、国民党議員の民進党への鞍替えである。死を賭して国民党を守ろうという議員など国民党内には誰一人としていない。おそらくこういう展開でもって国民党の崩壊現象が深化してゆくのだろう。

正式に民進党政権に替わったとたん、国民党が隠し続けてきた負のツケがすべて露呈する可能性もある。

弾劾裁判は免れそうな馬英九前総統

渡邉　一方、国民党から独立した中国にべったりの親民党は今回もなんとか三議席を維持した。立法院の反民進党勢力は三五プラス三で三八議席。これがかなり大きな意味をもっているのは、三八議席あると馬英九前総統の弾劾裁判を行うことができないからで、なんとか首の皮一枚残った格好である。

敗戦を確実視されていた国民党本部は一五台の業務用シュレッダーを購入、**すべての証拠隠滅を謀った**というまことしやかな噂が流れていたが、これは本当の話だと思う。

黄　国民党にとっての問題は、次の党主席に誰がなるのかだ。国民党の資産をどう扱うかの決定権を握るのは党主席で、前総統の馬英九が国民党主席の座を狙っているのはそのためである。中華民国副総統で中国国民党筆頭副主席の呉敦義、前立法院長の王金平の名前も挙がっている。結果的には、中国国民党を代表する洪秀柱と台湾国民党を代表する黄敏恵二人の女性党主席の候補争いとなっている。

世界一の金満政党といわれる国民党の総資産についてはさまざまな憶測が飛び交ってい

る。陳水扁時代の調査結果では八四〇〇億元程度であった。国民党の年間運営費は五〇〇億元前後といわれている。国民党が政権奪還を果たせないかぎり、八四〇〇億元を使い切ったときに、確実に国民党という利権政党は崩壊するだろう。

渡邉　ここ数年、国民党は一〇を超える財団を設立して、そこに党の金を逃がしてきた。現地メディアに聞くと、これらの財団は、国民党が野に下ったときに党職員・関係者を食わせる目的でつくられたもので、少なくとも五年は維持できるという。五年維持できるということは、選挙一回分は資金を確保しているのだろう。

呉敦義（一九四八〜）台湾南投県出身。一九七一年、台湾大学卒業後新聞記者となり二年後、台北市議に当選。南投県長、高雄市長などを経て、国民党秘書長、党副主席などを歴任。二〇〇九年、馬英九総統から行政院長に指名され、二〇一二年副総統となった。

王金平（一九四一〜）高雄市出身。前立法院長。台湾師範大学卒業後の一九七五年、立法委員に当選。ダライ・ラマ訪台を馬英九が拒否すると再検討を要請するなど、国民党の本土派の有力者とされる。二〇一四年、学生が立法院を占拠する事件が起こったが、収束させた。二〇一六年、一九九九年から務めていた立法院長を退任。

洪秀柱（一九四八〜）台北県（現新北市）出身。中国文化大学を卒業、米国で教育修士号取得。中学教師となった後、一九九〇年、国民党から出馬し立法院選に当選。二〇一二〜二〇一六年まで立法院副院長を務める。総統選に出馬するも、中国本土との統一志向発言などで人気が低迷し、朱立倫に差し替えられた。

黄敏恵（一九五九〜）台湾師範大学卒業。嘉義市長などを務める。二〇一六年、国民党が総統選に敗れ、総統候補だった朱立倫党主席が辞任したのを受け、副主席の黄が代理を務めている。

実質破綻状態に陥っている年金制度

黄　新総統となる民進党の蔡英文は、年率一八％の公務員年金改革に切り込めるかどうか。私はちょっと無理ではないかと思う。強行すれば、蔡英文政権が潰されてしまうのではないか。そんな懸念がある。

公務員は軍人、警察、教員、中央・地方の役人など数十万人、退役軍人だけでもそれ以上もいる。定年前に退職したほうが定年まで勤め上げるよりも得になる仕組みになっているので、たいていは早めに退職しているのが現状だ。

渡邉　公務員には年金制度と退職金積み立てとがあって、退職金の積み立てが二〇〇万元（約八〇〇万円）まで許され、この限度額二〇〇万元には年利が一八％も付く。

この制度を導入した一九八〇年当時はインフレ率がなんと一九・六％もあったので、年利一八％はある意味で妥当であった。

とこがその翌年からインフレ率は急落した。翌八一年には六％で、本来は変動制に移行して、インフレ率に応じるのが筋であったのもかかわらず、一八％のままで今日まできてしまった。

台湾の年金には公務員、産業別、それ以外の人たちのものとに分かれている。公務員共済に加入する教師、軍人、公務員については非常に手厚い。そして工業、サービス業などの産業別に年金、社会保険、労災保険、雇用保険などを包含した年金制度が整備されている。

それ以外の一般人向けの年金制度が整備されていなかったことが問題となって、二〇〇七年からその導入が立法院で討議され始め、ようやく二〇〇九年に同制度がスタートした。とはいえ需給ばかりが増加し、年金の運用利回りが悪いので、**実質破綻状態**にある。

黄　どの年金もいまは赤字というレベルに留まらず、破綻といったほうが正しい。

不動産バブル崩壊の只中で政権を担う民進党

渡邉　いま台湾が抱える最大の問題は不動産価格の下落、言い換えれば、不動産バブル崩壊の度合いが加速度的に進んでいることだろう。

典型は台湾の原宿と称される台北西門町などの中心部。家賃があまりに高騰したため、入居テナントが激減している状況で、日本のバブル末期と酷似している。当時の原宿も家賃高騰のあおりを受けて、老舗ショップが余儀なく撤退していった。

台北中心部もそんな状況だから、新築ビルの一階テナントがまったく埋まらず、明らかに不動産バブル崩壊の様相が訪れている。これが外側（郊外）に向かって順番に表面化していくのは必至だ。

中国人がメインの観光産業は、いろいろと問題があるにせよ、これまで潤ってきた。ところが、中国のバブル崩壊もあるけれど、あの国が意図的に訪台の観光客のバルブをきつく絞る可能性も出てくる。

実際、今回の選挙期間には通常時期の五％しか中国政府は観光客の訪台を認めなかった。いまもその状況が続いているのは、中国当局としては民主化に向かって動いている台湾を大陸の人間たちに見せたくない意識が働くからだ。

黄　繰り返しになるが、中国人観光客は台湾にほとんど利益を落としていかない。大陸系旅行社と関係するホテル、レストラン、免税品店とがグルになって観光客を独占しているからだ。台湾はそういう中国型独占を「一条龍」（一匹のドラゴン）と呼ぶ。日本に来た中国人観光客が家電品を買うのに優先的に中国系のラオックスを使っているが、それがもっと露骨になったものと考えればいい。

爆買いといわれるが、その裏では転売目的が多く、背後には転売業者がひかえている。観光客の金は中国の企業に還元されているケースが多いということだ。

渡邉　台湾にはおこぼれしか落ちてこないが、たとえ中国資本であっても台湾国内の経済活動である以上、ＧＤＰのカウントにはなる。

黄　高雄の観光業者に聞いた話では、中国人観光客が大挙して訪れる場所には日本人は寄り付かなくなっているそうだ。

渡邉　台湾の場合、中国から近い中国語圏の外地ということで、グレードの高い人たちはあまり来ないようだ。ハイグレードの中国人観光客が好むのはハワイを含めた北米、欧州。日本もそうなのだが、比較的低所得層が台湾を訪れている。

権力をカサに日本企業や日本人の資産を没収した国民党政権

黄　先刻も述べたが、統治時代南シナ海の新南群島（南沙諸島。主島を現在は太平島と呼ぶ）はかつて高雄州に所属していた群島だった。日本政府が積極的に発言しなくても、民間人がそれらの領有権についてまったく主張しないのは妙ではないか。

さらに日本人が主張すべきは、国民党が保有している資産についてである。これは蒋介石が大陸から持ち込んだものではない。台湾総督府下にあった不動産や資産については、戦争に敗れたのだから没収されても致し方ない。実際、「接収」という名において「党」

や「個人」のポケットに入ってしまう。

問題なのは民間企業の資産である。たとえば三井、三菱はじめ日本の主力企業が大挙して台湾に進出していた。それら日本企業に勤めたり、関係する台湾生まれの二世、三世（通称「湾生」）をも含めて日本人は四〇万人以上もいた。そうした日本企業が築いた不動産資産や個人資産を、国民党は詐欺をはじめあらゆる手練手管を使い、すべてさらったのだから、**日本人は個人的に国民党に返還請求すべき**である。

渡邉　これは非常に難しい問題だ。終戦のときは中国イコール大陸の中国国民党であった。大陸の中国国民党に対して日本は台湾の所有権を放棄した。ところが、その後中国共産党との内戦に敗れた国民党が一九四九年に台湾に逃げ渡って、台湾に築いた日本の国有資産、日本人の私有資産を全部没収（接収とも呼ばれる）してしまった。

大陸における賠償責任を免れる代わりに、資産も放棄して、チャラになったという事情が横たわっている。その日本側の資産のなかに台湾が含まれている。そのような歴史的経緯が存在している。

黄　国際法的には、条約によって「放棄」したと称されても「公的」と「私的」の資産は明確に区分けている。「私的」なものは交渉によって取り決めとなっているのが常識である。それ以外にも、国民党政権は悪辣な手法でその身を太らせてきた。「党営事業」はその代表である。古くはリンゴ等の果物の輸入権の独占から始まった党営事業は、金融、建設、ハイテク関係までさまざまな分野を独占し続けてきた。

さらに国民党政権は権力をカサに、恫喝と不正取引で、日本企業や日本人の資産を没収、もしくは格安に取得した。私が聞いた話では、裁判所が死刑判決を下した非国民党系の企業経営者の被告と交渉、減刑することで、タダ同然でその企業の株式を取得していた。

また戦後は、おぞましい密告制度が跋扈《ばっこ》していた。密告した相手の財産の四〇%を貰えるので、一時密告業者は百鬼夜行、みんな血眼になって密告に励んでいた。本当に良心のある人間であれば、そのような汚い手を使って手に入れたものを返還すべきなのだが……。

増え続ける台湾からのキャピタルフライト

渡邉　台湾の製造業やインフラ関連企業は日本統治下の財産を受け継いだ財閥企業であり、台湾経済はすなわち「財閥経済」で回ってきた。

台湾財閥で日本と結びつきが強いのが三八会などだが。今回の選挙について台湾財閥は先刻も申し上げたように、どの政党にも肩入れしなかった。

もともと台湾財閥は国民党と二人三脚の形でビジネスを拡大し、大きな勢力を持ち続けてきた。今回、この台湾の基礎構造が崩れ、国民党との連携あるいは癒着から一歩抜け出した格好となった。俗な言葉を使うならば、**財閥経済を引っ張る連中はみな政商だったの**だ。

政商と国民党との利権経済が壊れ始めているのは事実だが、だからといって、台湾の景気が良くなってくるのかといえば、それはまったく別次元の話である。

黄　台湾政府の財政赤字は二二・五兆元、日本円に換算すると約一〇〇兆円まで膨張している。これからどう財政運営をしていくのかが大きなテーマである。

ところで、現時点でかなり気になるのが台湾からのキャピタルフライトだ。台湾大学の経済専門家が示した数字によると、二〇〇〇年に最大野党民進党の陳水扁が総統に選出されたときに六兆元、さらに国民党が選挙に敗れた二〇〇四年に二・四兆元がキャピタルフライトした。

そして今回の国民党惨敗、同党の崩壊が不可避という見通しから、すでに推定九兆元のキャピタルフライトがあったといわれている。

渡邉　中国と台湾の間では、表の銀行取引よりも地下銀行を通じた取引のほうがはるかに大きいことから、実体がつかめないのが怖い。

政権交代の要因になった若者の就職難

黄　前にも言及したが、台湾の銀行頭取経験者に聞くと、ＧＤＰ統計にカウントされていないアングラマネーがＧＤＰ比の四〇％もあるという。中国の場合もほぼ同じで、四〇％程度だという。これをどう捉えればいいのか。

渡邉　整理をしてみよう。まず地方政府に関しては、もともとの構図として、国民党が北部を勢力圏に抱く都市政党なのに対し、民進党は南部を中心とした郊外の田園地帯を地盤とする。

台湾は台北一極集中の経済で、台北のみが豊かになって、地方はどんどん衰退している。日本とよく似た構図のなかで、民進党のキャッチフレーズは「地方再生」であった。だが、**実際にはすでに地方政府の多くが破綻状態**に陥っている。

国民党は日本の昔の自民党同様、先刻黄さんがいわれた「党営事業」によって、土木、建築、インフラ事業に邁進してきた。

日本以上に少子高齢化が急速に進んでいる現状を考えると、地方をどうするかという選択を、日本よりも早い段階で迫られている。若い世代は地方にいると仕事がない。その不満が今回の政権交代につながった。

黄　台湾では大学を出てもほとんど仕事が見つからない。大袈裟でなく、博士号を取得しても、**タクシー運転手や屋台を引くしかない**のが実情だ。

渡邉　一部のエリートとそれ以外の人たちに完全に分れてしまっている。一般労働者については、常に中国人との賃金比較になってしまう。

台湾企業が台湾での生産を止めて以来、産業空洞化が日本以上に進んでいるなかで、当然ながら、都市部周辺の工業地区での雇用は減少の一途をたどっている。一次産業と観光ぐらいしか目ぼしい産業を持たない地方はさらに厳しい。

悲しいかな、台湾は国家としての歴史が浅いものだから、日本のように江戸時代から地場産業を育成するようなことがなかった。各地方大名が競い合った日本は織物、刃物、鉄器、陶磁器、和紙、木材加工はじめとする地場産業を構築、技術向上に励んだ。それが明治以降、産業の殖産興業の礎となった。

また台湾の内需は小規模なので、新たな仕事を生み出す土壌に乏しい。本来であれば、中国に移転した生産拠点を台湾国内に再び戻して、世界と伍して戦うという方針をとれば展望がひらけてくるのだろうが、台湾企業の性格はそうではない。台湾企業、特に著名な台湾企業はいわゆるグローバル企業ばかりで、国籍にこだわっていない。それは鴻海、T

SMC、ASUSなどの事業展開を見ても如実にわかる。

台湾経済への寄与が少ない台湾企業

渡邉 良くも悪くも、日本企業と台湾企業の企業文化の違いは非常に大きい。台湾企業は決断がとにかく早いし、儲かるとなると真っ先に飛びつく。日本企業は真逆で、新事業への参入や生産拠点の移転にはもどかしいほど慎重な姿勢を崩さない。

台湾企業に米国留学組が多いせいか、**ビジネスモデルがそうとう米国寄り**である。マーケット重視からビジネスを構築するのだ。ここにこういうマーケットがあるから、こうしたボリュームゾーンを狙おうという手法である。

台湾企業でうまくいっているのは、たいていは創業者二世が米国の大学に学び、米国籍を取得、そのまま米国流ビジネスを身につけてしまったようなところだ。台湾に工場は持っているものの、本社は米国に置くようなところが多い。

しかも、もう片方では、中国にどっぷり浸かっているのが台湾企業の実状といえる。

たとえば半導体受託製造（ファウンドリー）世界第三位のTSMCは台湾にも巨大な生産拠点を持っている。もともとは台湾メモリーという社名だったが、いまはインテル、サムスン電子に次ぐ半導体大手として知られるグローバル企業だ。残念ながら、ファウンドリー生産工場は人海戦術の工場ではない。

つまり、このような巨大企業が台湾にあるにもかかわらず、台湾経済にあまり寄与していないのが問題なのである。

黄　日本企業とのいちばんの違いは、台湾企業は保守的ではないということだ。誰も思いつかない独創的なアイデアが台湾企業の武器。台湾人がアイデアにあふれているというより、それがないと生きていけない、追い詰められているという危機感をいつも抱いている。これは**台湾企業の宿命**であろう。その典型が世界の大メーカー向けの受託生産に特化する独自スタイルで大成功を収めた鴻海《ホンハイ》やTSMCといえる。

一月の株価暴落に応戦するため海外資産を売りまくった中国

渡邉　TSMCに関しては中国資本がそうとう入っており、その点が危惧されている。台湾は株式の売買は基本的に自由である。しかし、中国は自由ではない。

これまでは目星をつけた台湾企業株を中国の国策ファンドでは買えない条件付きならば、中国側は香港やシンガポールのファンドを使い、実体所有を誤魔化して買い込んできた。

けれどもバブル崩壊により、これからは中国側がそうした手法を採れなくなる可能性が強まってきた。

中国はこれまで保有していた日本国債を昨年九月、一〇月でほとんど売却し尽くした。今年一月四日から株価暴落が始まったが、一月半ばあたりから世界の株価と中国の株価の下落率が連動しなくなった。なぜか。中国政府が自国株を買い支えるために日本株、欧米株などの海外保有資産を売却、その資金を中国株買いに振り向けざるを得なくなったからである。

こうした事情から中国株に連動する格好で、日本株、欧米株なども急落したのだが、これが一段落ついたところで、連動しなくなった。

黄 二〇〇〇年までは台湾企業が中国の十大企業の半分を占めていた。その後は次第に中国の国有企業が台頭してきて、台湾企業の役割は消滅しつつある。ただし、大半の中国企業は政治と絡まないかぎりやっていけない。

渡邉 台湾の民間企業は政治とまったく無関係ではないとはいえ、日本企業と同様に資本に関しては自由化されている。下手をすると日本以上にアメリカナイズされているのが実相だ。

今回の選挙における国民党の敗北は、中国に近付きすぎたことに対する台湾人の危機感と同時に、**中国ではこれ以上儲けられないだろうと踏む台湾人のビジネスマインド**も反映したのではないか。

第4章

台頭するネット世代とサイバーウォー

台湾では育たない本格的シンクタンク

黄　残念なことに、台湾には「大陸委員会」や「海峡基金会」があっても、中国の総合的な経済分析をハイレベルで行える機関が整っていない。経済の専門家の層が厚くないからだろう。そのあたり、日本はさすがに揃っている。

渡邉　台湾には株の専門家はたくさんいる。ただしファンダメンタルズではなく、テクニカルな専門家ばかりである。テレビを見ていると経済の番組はけっこう多いのだが、全部金儲けがテーマになっている。

黄　台湾にもシンクタンクはあるのだが、「諜報」収集が得意でもどうしても長期的な分析力が弱い。どのシンクタンクも一人のエコノミストを長期的に育成しようとする土壌がないように思える。

渡邉　アメリカナイズされている台湾はさまざまな財団を設立し、それぞれがシンクタンクを抱えている。だがその中身はどうかというと、政治家の単なる利権団体になっていたりする。マクロ経済分析ができているような状況にはない。

黄　日本には多くの政治家や経済人を輩出する「松下政経塾」がある。ファウンダーはパナソニックの創始者・松下幸之助。台湾財界にも松下政経塾レベルの人材養成組織を運営する資力を備えている経営者はゴロゴロいる。

しかしそういう動きを見せないのは、台湾人が目先の利益ばかりに関心を示す近視眼的思考回路と大きく関わってくるのだろう。中国の恫喝や脅威から、「百年の計」までつぶされてしまうという台湾人のさだめもあるのでは？

渡邉　台湾は一党独裁体制が強くて、国民党＝シンクタンクでもあるし、必要なものをすべて日本と米国からもらってきたという歴史がある。台湾のもっとも充実した経済データを蓄えているのは交流協会で、その次が東京スター銀行をはじめとする銀行系だと思う。ただ、それを台湾国民に公開する義務はないので、自分たちのビジネスデータとしてしか使っていない。

日本からもおびただしい数の翻訳経済書が台湾に渡ってきているのだが、著者を調べてみると、大前研一や榊原英資はじめ一世代、二世代前の専門家のものしか揃っていない。まるで**日本で売れなくなった演歌歌手が台湾に営業でやってくる**ような状況である。

大手メディアで黒字なのは民視テレビのみ

黄　台湾財界としては、シンクタンクや人材養成組織をきちんと整備して日本についていこうとする気持ちがまるでないわけではない。しかしながら、台湾と日本の人口規模も経済規模もあまりにも違いすぎるという現実がそれを躊躇させているのだと思う。

日本発の出版物の導入については、出版業界そのものの規模が小さすぎる。日本の出版業界の一兆数千億円規模に対して、台湾では昨年の一五〇億元（六〇〇億円）でしかない。

渡邉　台湾の出版業界の大半が赤字経営だし、新聞社にしてもほぼ全社が赤字に陥っている。テレビ局も乱立している。基本的にはケーブルテレビで、一〇〇局以上が存在する。新聞・テレビのマスメディアで唯一黒字を出しているのが民視テレビ。過当競争が行き過ぎというのが台湾メディアの現状であり、食べていけないので、作家が育たない。株式評論家が数人いるだけだ。

黄　いまの**台湾で文人としてやっていけるのはもういない**といわれているほどだ。台湾では文人、物書きは金欠人間ということで馬鹿にされる対象になっている。

台湾アイデンティティの拡大を促進したインターネット

渡邉　メディアにかぎらず、台湾のすべての産業が一般の日本人が思っているよりかなり厳しい状況にある。この状況で政権交代が起きた。完全に従来の利権構造が壊れ、不動産バブルが崩壊するといった環境下で、新政権が手綱を握ることになった。

黄　台湾のマスメディアは完全に崩壊している。新聞、テレビ、出版、すべて駄目だ。伸びているのはネットだけで、台湾は日本よりも一足早く完全なネット時代に突入している。そしてネット時代の中核を占めるのが二〇代、三〇代。このネット世代は一〇〇％台湾独立派だ。いわゆる「自然独」（「天然独」とも呼ばれる）である。

彼らのなかには、独立か統一か、あるいは台湾か中国か、という二択は存在しない。台湾はすでに自然に独立している。われわれは台湾人だ。台湾と中国は別個の存在である。いまさら独立うんぬんなど考えるなどおかしい。こうしたアイデンティティが一昨年の「ひまわり学生運動」を起こし、今回の選挙結果を生んだ。

これは台湾だけの現象ではない。ネット世代のムーブメントはイスラム世界のジャスミン革命をはじめ、香港の雨傘革命を起こした。土地に根をおろしているという点では、中国や韓国のネット世代もある意味同根である。天はわれわれからは遠すぎる。母なる大地に根をおろしてこそ真の思想や主義が生まれてくることについて鈴木大拙師は『日本的霊性』の中で、日本的仏教の誕生について克明に分析している。もちろん台湾のネット世代が百％近い独立派という「自然独」の誕生については、欧米からの出生地主義の強い影響という分析もある。

渡邉　台湾のテレビ局はネット時代に呼応して、ネットストリーミング放送サービスを行っている。ＰＣやスマホの画面に同じ時間に同じ画像が流されており、ここが日本との大きな違いだろう。

黄先生のいわれるとおり、若い世代の人たちはこれまでの概念とはまったく違って、台湾は台湾であり、もともと独立しているものである。中国の一部などではないとしている。

こうした若い世代のアイデンティティが結集した形で、時代力量（時代の力）という新しい政党の母体となった。

黄　こうした状況については台湾に限定せずに、香港を見ても、中近東を見ても、中国、韓国、日本にも同じような現象、世界共通現象が現出している。五年、一〇年後にどうなるのかは、マスメディアに限らず、企業関係者にとっては最大の関心事となろう。

もちろん、メディアがペーパーから、あるいは画像からネットに完全に移行した場合、日本がいったいどこまで変わるかは、各政党の盛衰の分水嶺となるはずである。

鈴木大拙（一八七〇～一九六六）石川県生まれ。禅についての著作を英語で著し、日本の禅文化を海外に広くしらしめた仏教学者。著書約一〇〇冊のうち二三冊が英文で書かれている。一九四九年に文化勲章、日本学士院会員。

過激な発言を行う二〇歳以下の若者たち

渡邉　台湾メディアについて明確なのは、情報コントロール能力が日本よりもかなり低下してしまっているということだ。メディアスクラム、テレビのブロードキャスティング・システムが一方通行で選択された情報が上から落ちてくる構造だったのに対して、インターネットは元来が「ＰｔｏＰ」というフラットシステムなので、上からのコントロールが効かない。

だから、今回の国民党の崩壊を促した一因となったインターネットは政治家側にとり不倶戴天の敵のようなものなのである。特に中国のような独裁政党にとってこれほど怖いものはない。

世界的に核家族化が進み、隣近所との関係がどんどん希薄化してきたなかで、個人が損傷されてきた。けれどもインターネットの登場によって、地球上にふたたび新たな井戸端会議の場が生まれた。そして、この現代の井戸端会議は急速にパワーを持ち始めた。

多くの台湾人は、中国と一緒にされたくはないと思っている。これが台湾人のマジョリティの本音ではあるとはいえ、テレビではそんな発言は御法度だし、もちろん政治家もいえない。こうした従来ならば、まったくパワーにならなかった台湾人の本音がインターネットを通じ拡大され、共有され始めた。こうした変化は、台湾のみならず世界的な現象として、社会的ムーブメントを生み出す原動力となっている。

知っての通り、中国政府は躍起になって規制をかけている。

黄　台湾におけるネットの影響力が日本をはるかに上回っているのは、大学生でなく、高校生にも台湾アイデンティティが伝播していることでもわかる。

現時点で日本の高校生は、自分たちが習う教科書についてあれこれ反対を唱えるようなことはない。だが、台湾の高校生は違う。反教科書運動の先頭に立ち、政府に対して過激な抗議運動を行って、死者まで出している。ネットが台湾アイデンティティ拡散の低年齢化をもたらしているのだ。

今回の選挙に際して、二〇歳以下の若者たち（主に高校生）と話し合ったとき、こんな質問をもらって驚いた。

「馬英九を逮捕するにはどうすればいいのか？」

馬英九前総統が犯した違法行為は一〇〇をくだらないといわれている。彼がこのまま逃げ切ってしまうのを若者たちは強く懸念しているのだ。

ポピュリズムには弊害が共存する

渡邉 情報のコントロールが効かなくなると、ポピュリズム政治が生まれやすくなる。ポピュリズムは非常に振れやすい、不安定な性格を持っており、乱暴な結果を生み落とす場合もままある。ナチスドイツの台頭などはその典型であろう。

ポピュリズムのリスクは看過できない。結果的に国家の繁栄にポピュリズムがつながるかどうかについては疑問がある。

たとえば、愛国心の問題もその俎上にあげられよう。国家全体の繁栄を考慮して自制するのもひとつの愛国心であるだろう。だが、私見ではあるが、インターネットに流れる愛国心の傾向はルサンチマン（恨み）的な色合いが濃い。

馬英九にはたしかに問題がある。けれども逮捕しろとか、吊し上げろというのは、ルサンチマン的な非難にすぎない。そこに創造性は見いだせない。だがルサンチマン的な盛り上がりはおうおうにして、着地点のない破壊活動を導く可能性がある。悲しいかな、日本の若者にもそうした傾向は見られる。

黄　私は別の角度から考えている。われわれの世代はずっと新聞とテレビで育ってきた。接触してきた周囲の人たちもほぼ同じ環境で育ってきた。同様にネット世代にはネット世代の行動様式があって、われわれが彼らを理解するためには、われわれ自身がパラダイムを変えないかぎり難しいのではないか。

私自身、台湾の二〇歳以下の若者がそこまで政治に関心を持っていることがなかなか理解できない。

日本の高校生ならば大学受験で気が気ではないはずの年齢なのに、なぜ台湾の若者はあれほどまでに政治に関心を寄せ、熱くなれるのか。

エリート以外の若者が抱え込む計り知れない閉塞感

渡邉　台湾の若者には大学を出た後の最後の目的地がないような気がしてならない。日本ならば、現時点ではそこそこの大学に行けば、そこそこの企業に就職できて、とりあえず結婚もできるといった安住を手に入れる可能性がある。

けれども台湾においては、ほんの一部の台湾大学の首席クラス、海外留学組のエリートたちを除いたほとんどの大学生が台湾国内にくすぶっているわけである。

エリートたちは欧米の留学先から戻ってきて、会社経営者、エリート社員の道を進む。一方、くすぶり組は、台湾のなかでどんなに努力をしても道が拓けないという閉塞感に覆われている。

かつての台湾人には「将来は国民党員＝公務員になる」という答えがあった。それはいまもなお、大卒初任給二万二〇〇〇元前後なのに対して、現在、夫婦二人が引退した公務員ならば、毎月六〜七万元の年金をもらえるという現実に反映している。これでは公務員以外の人間はやる気をなくすだろうし、閉塞感は計り知れない。

蔡英文は優秀だが過渡期を担う人物

黄　私は一九五〇年代から今日までずっと日本人を見続けてきたが、国家意識、文化意識、さまざまな面において日本人も大きく変容してきた。六〇年代には、革命や改革を目指していた台湾を憧憬の念から、「一緒に参加させてくれ」と望む日本人がいたものである。その後は徐々に安定志向が強まり、そういう人たちは私の前に現れなくなった。

渡邉　台湾は今回の選択において、中国と日本・米国のふたつの選択肢に揺れるなかで、中国とは距離をおき、日本・米国と積極的に付き合っていく方針に決めた。

蔡英文新総統の最初の演説は、「日米の協力を得て、私は総統に選ばれた。これからは日米とその他の国との関係を重視しながら、台湾の政治経済を運営していきたい」というものだった。

黄　蔡英文新総統はたしかにそういう話をしたが、政治については従来の馬英九路線を覆すのではなく、「現状維持」のスローガンを示した。では彼女が「台独」（台湾独立）に向くかといえば、まだそのような客観的環境は整ってはいない。

彼女は中国との交渉にもかなり経験を重ねていることから、中国側がけっこう諦めが早いことを知悉していると思う。中国のサッカーゲームを観ると感じるのだが、二点、三点先行されたら、諦めるのもかなり早いし、観客までも引き揚げてしまう。一月のU-23アジア杯決勝のように、ゼロ対二のスコアから逆転した日本のような粘りは基本的には持ち合わせていない。

蔡英文はそうとう芯の強い人物で、馬英九よりはずっと高い能力を備え、少なくとも致命的な失敗はしないタイプに思える。ただ彼女は過渡期の人物だ。ある程度の現状維持をしながら、次の世代に任せる以外にない。

渡邉　蔡英文は非常に優秀という評判だし、私も異論はない。そして、今回の選挙で民進党が勝利したこと自体は良いことだと思う。だが、勝ち過ぎたことによって、いわゆる小沢チルドレンみたいな連中が大量に当選してしまったことが、党運営において彼女の負担になるのではないだろうか。

黄 指摘のあった党内部のみならず、これからは国民党のほうからも、にっちもさっちもいかぬさまざまな党からも、議員たちが総崩れ式に勝ち組の民進党に参加してくるはずである。それを蔡英文がどう処遇・処理するのか。やはりある程度は妥協せざるをえないと思う。

渡邉 民進党自体が現在は四派閥に分かれている。台湾独立派といっても、親日的な台湾独立派もいれば、ナショナリズムをこじらせ他所の国との断交まで主張するグループもいる。ただ勝ち過ぎたことによってポピュリズムに先導されやすい政党になっているのも事実である。

蔡英文の政権運営において、あまりに肥大化した民進党が重荷になる場面が多く出てくるのではないか。

習近平の我慢次第で変わる東南アジアの近未来

黄　台湾に対してもっとも影響力が強いのは、やはり米国だ。次が中国。日本は三番手である。それ以外のロシア、ＥＵはたいした影響力を持たない。とにかく台湾にとっての問題は米中の将来だ。

もし中国がいままでの経済状況を続けていけば、そして中国がウイグル、チベット、南モンゴル問題の処理に躓《つまず》くならば、台湾も変わっていくのではないか。ひょっとしたら中国以上に台湾のほうが早く変わる可能性もある。

しかし、蔡英文は慎重派だから、台独に向けて大きなギャンブルはしないはずだ。アメリカに叩きつぶされた陳水扁総統という前車の轍《わだち》もある。その次の世代は、私が接触した感覚では政治的ギャンブルに挑む可能性がある。

日本でも小泉純一郎のような人物でないかぎり、なかなか靖国神社参拝が難しかったように、奇人、変人だからこそできることがある。

慎重派の蔡英文ではなく次の世代のときに、台湾は大胆な変わり身を見せるのではないかと、私は予測している。

渡邉　もし台湾が早い時期に変わるとすれば、米中の関係が現在にもまして悪化する。または フィリピン、インドネシア、ベトナムなどいわゆる国境問題を抱えている国々と中国が直接対立して、実際に軍事衝突を起こしたときであろう。

仮に中国人が自由に出入りできる金門島をふたたび解放軍が侵略する空気を強めるならば、台湾のポピュリズムは一気に燃え上がるはずである。

これはある意味日本も同じであろう。北朝鮮なり中国なり周辺国と軍事衝突が起きたり、ミサイルが飛んでくるならば、そのときには憲法が改正されると思う。

黄　しかしながら、中国の金門島奪取に関しては、それを諦めた毛沢東の意志に反することになる。よほどの場合にならないかぎりは、中国の基本政策として実行には移さないはずである。金門島よりも尖閣に先に手を出したほうが中国にとっては、ナショナリズムの高揚により効果的ではないかとも思われる。

中国側も私が得た内部情報によれば、習近平の側近がこんな意見を具申したそうである。

「なぜ、いま米国と日本と必要以上の諍《いさか》いを起こさなければならないのか」

仮に習近平が内政不安で追い詰められれば戦略変更の可能性はあるとはいえ、いまはもう少し辛抱して、むやみに日米とトラブルを引き起こし、外交関係をこじらせることはないではないかと考えるものだ。

渡邉　昨年来、台湾島北部にＮＡＴＯ空母が常駐しており、台湾有事を想定した体制を敷いている。バブルが崩壊した中国内部では、必然的に一般市民の不満が政府に向かうのは間違いない。三〇年にわたる経済成長の恩恵を受けて豊かさの味を覚えてしまった中国人が、ふたたび昔の貧しい暮らしに転落したときに、おとなしくその現実を受け入れるとは到底考えられない。

これをコントロールするのは至難の業である。こういう状況を迎えたとき中国政府は、外の敵に対して闘う姿を見せることで国民の欲求不満を解消する、という悪弊を持っている。また中国の場合、人民解放軍の欲求不満に対しても難しい対処を迫られている。

南シナ海周辺国、アセアン諸国のすべてが危険な状況に陥っている。タイにおいても、高齢のプミポン国王（一九二七〜）死後にはおそらくクーデターが起きて、中国系華僑と民族派グループとの内乱は避けられないとの予測がある。

このような大混乱が訪れそうな状況にあるなかで、台湾も、当然ながら日本も無傷ではいられないはずだ。したがって、ここは習近平がどこまで我慢できるかに集約されよう。

さらに先鋭化していく米中サイバーウォー

黄　米国と日本を比べてみると、やはり米国のほうが安定しているように思える。大統領選挙はおそらく民主党のヒラリーが強いはずで、彼女の経験が決め手となるのではないか。本来なら共和党の時代がくるはずだが、共和党はトランプ候補の旋風がうずまくなかで、その行末を読むのは実にむずかしい。日本については安倍政権がなんとか二〇二〇年までもてば、かなり安定するだろう。

対する中国の現状は、まだまだ不安定な状態である。安定化のカギとなるのは、習近平が軍事権を完全に掌握するかどうかだ。

私が危惧しているのは、二一世紀に入ってからは戦争の形が変わってしまい、実際にはいまも戦争の最中にあることを日本の人たちがあまり理解していないことである。サイバーウォーに対して、日本人は概して危機意識が薄い。

渡邉　同感だ。人民解放軍が中国の携帯チップメーカーから情報を盗み取っていたり、中国最大の検索エンジンの百度《バイドゥ》も同じような役割を担わされているのは常識なのだが、どうも日本人はインターネットのセキュリティに関しての認識が甘い。

台湾の各都市に張り巡らされている無線LANも危ない。先般、日本から持っていったパソコンを無線LANに接続させると、セキュリティソフトが効いてずっとサーバーエラーの状態だった。

ネットセキュリティにおいて、日本国内はまだ比較的安定しているけれど、国際的にはサイバーウォーにさらされているのが現実だ。

米中サイバーウォーについては、大統領選でヒラリーが勝つにせよ、トランプが勝つにせよ、衝突構造が尖鋭化していくのは避けられないと思う。

なぜか？　トランプ効果とは、強い米国の復活を米国人が求めた表れであり、これまでのリベラリズムを米国民が拒み始めているからである。次に民主・共和のどちらが政権の座に就いても、米国のナショナリズムを強く高揚しないかぎり、政権の安定は望めない。

こうした土壌を考えると中国との関係は良くなる可能性は低い。米国としては不安定化させたほうがナショナリズム的にまとまって、経済にとってプラス効果が出るかもしれない。

第5章

二一世紀の人類に委ねられた問題の解決

一般家庭に反日教育を修正するメカニズムがあった

黄　台湾の反日教育についても誤解があるようなので、ここで語っておきたい。

台湾における反日教育は私の小学校時代からずっと存在しており、おそらく中国や韓国以上に反日教育を行ってきた。中国・韓国とどこが違うのかというと、学校から家庭に帰るとそれを修正するメカニズムがあったことである。

家で学校の教師に教えられたとおりに親にいうと、「それは違う」と即、口論になった。親が子どもに対して、「学校の先生がいっているのはウソだよ」と修正するメカニズムがあったのだ。そういう親子の対話については、映画「悲情城市」をはじめ映画、小説などだけでなく、現実の日常生活にも多く見られる。いわば再教育のようなものが家庭で施されていたのだったが、残念ながら中国と韓国にはそれがなかった。「孝は万徳の本」とされる今の韓国でさえ、「日本を知る老人が死に絶えない限り、世はよくならない」と公然と主張し、反日主張に同調しないだけで老人が殺される。また、その老人を殺した青年が「愛国の英雄」とされる韓国は、台湾社会とまったく異なるメンタリティを持っているのだ。

それが数字としておおいに反映したのが、高校生の外国語の選修にもみられた。

台湾の高校生の第一外国語は英語が必修だけれども、第二外国語は自由選択。第二外国語で選ばれるのは圧倒的に日本語で、ずいぶん長い間九〇％以上を保っていた。
これは誰からも強制されないものだから、いかに日本に良いイメージを持っていたかの証左にもなろう。

台湾人に共有の財産という概念を授けた水利

渡邉　教育だけでなく、学校教育の前提には文化があるわけで、文化・インフラ移植を台湾という島国の場合、やはり日本の統治は大きかった。

黄　ただし衣食住に関しては、農村と都市は違う。私はこの四〇年間で地球行脚を四〇周約百六〇万キロ回って来たが、都市に関しては、街並みや建物はじめどの国も大した変わりはなかった。ところが、農村には特色が残っている。分析してみると、世界から徐々に特色が消えつつあるなかで、独特の文化を維持できているのは農村という結論を得た。
台湾と中国との違いとは、台湾は海洋文化の影響がより濃くあると思う。台湾人の物の見方、考え方に日本人と共通のものがある、根っこが近いと感じるのはそのためではないだろうか。

烏山頭ダムほとりの公園にある八田與一の銅像

渡邉　日本が台湾にインプラントしたいちばんの肝は、もちろん言葉もあったし、文化もあったろうが、それ以上に「水利権」という概念を持ち込んだことではなかったか。八田ダム（＝烏山頭ダム）から五本の用水を引いた水が共有の財産という概念、これが共存共栄の本質だ。いつまで経っても中国にはその概念が備わらないから、住民が水を奪い合う利己主義に走るわけである。

台湾の人たちに、水を皆で分かち合って使わないと皆が貧しくなる、滅びてしまうという概念を植え付けたのは、八田ダムを中心とした水利であった。これが連綿と続いて、いまも台南の水利会の結束は際立って強固なものになっている。そのあたりが台湾文化、教育の根っことなって息づいていて、大陸とはまったく違うものになった可能性がある。

八田與一（一八八六〜一九四二）石川県生まれ。水利技術者。日本統治時代の台湾で、農業水利事業に大きな貢献をした人物。有効貯水量一億五〇〇〇万㎥の大貯水池・烏山頭ダムとして完成し、水路も嘉南平野一帯に細かくはりめぐらされた。今は烏山頭ダムは公園として整備され、八田の銅像と墓がある。また、八田を顕彰する記念館も併設されている。

基本的に共産党も国民党も悪いと捉える台湾人

黄　西洋シナ学の泰斗K・A・ウィットフォーゲルも同じく「水利」から東洋社会の原理を見る説がある。しかし台湾人と中国人とがもっとも基本的に違うのは、中国に対する捉え方でわかる。これまで中国人の学者や民主活動家、宗教団体の人たちからさまざまな議論を重ねてきたけれど、彼らは押しなべて異口同音に「中国がこんなに悪くなったのは共産党が悪いのだ」「中国の伝統的美徳をすべて破壊された」と訴えてきた。

しかし、台湾人は一人としてそういう見方はしない。要するに、中国人である以上、すべてが悪いと考えている。共産党に限らず国民党も悪いのだと。政党が悪いと捉えるのが中国人、人間そのものが悪いと捉えるのが台湾人なのである。これは歴史経験のベースが違っているからに他ならない。

われわれと付き合いのある中国人でさえ自分の周りしか見ていない、視野狭窄《しやきょうさく》に陥っているといわざるを得ない。

また日本人と中国人では精神面における責任感の多寡の面で驚くほど違っている。責任を追及される場面で、日本人が「自分が責任を取って切腹する」というとき、中国人は責任を放棄してその場から逃げてしまうことが多いのである。

切腹という言葉は台湾でもしばしば使われた。台北の市議会で、議員が収賄で疑われた際、懐から包丁を持ち出して、「もしそれが事実ならば切腹するぞ」と叫んだので大騒ぎになった。彼の包丁の持ち方では切腹はとても無理だったけれど、そのパフォーマンスがモノをいって、彼は信頼された。

台湾の若い世代にはまったく通用しない中国の脅し

渡邉　蔡英文新総統に話を戻すと、彼女は台湾ではどういうふうに見られているのか？
黄　台湾では、スカートをはく人間（女性）は総統になってはいけないというような声も聞かれたが、いまのアジア各国を見渡すと韓国、ミャンマー、タイなど女性指導者が台頭している。アメリカの大統領や日本の首相、中国の主席のみ、まだ「初の女性」が出ていないのも現実だ。

日本人は正義感から人前でたまに涙を流す人もいるが、台湾では人前で涙を流すのは弱い人間と見なされる。蔡英文は父親の育て方がよかったのか、人前で決して涙を見せない芯の強さを備えている。したがって中国側から圧力を掛けられても、そう簡単には考えを変えるようなことはないだろう。

だが問題は、たとえば一つ中国に対する圧力（恫喝）に関してである。彼女は適当にはぐらしながら、中国側と際立った対立・緊張関係を生じさせるようなことは避けるはずである。

台湾人の年配者には中国の圧力が効果的なのに対し、若い世代にはほとんど効果はない。むしろ、「それならやってみろ」という感じである。逆に中国への反発を募らせる。中国の脅しは、台湾の若い世代にはまったく通用しなくなっている。それは生まれてから中国から恫喝《どうかつ》されつづけられ、すでにマンネリズムになり、麻痺《まひ》してしまったからだろうか。

蔡英文には、「過渡期を担うのが自分と役目」と自覚してもらい、いくら中国が圧力をかけてきても動じない次世代の指導者に無事にバトンタッチしてもらいたい。

民進党が勝ち過ぎたことにより生じる不安

黄　今回の選挙を見る限り、蔡英文は四年前とは大きく変わった。演説も断然うまくなり、かなり成長してきたと思う。

　蔡英文が政界に入ったのは李登輝の時代だが、実際に政治家として表舞台に出て来たのは民進党の時代であった。

渡邉　蔡英文は客家出身のエリート中のエリートとして知られる。台湾トップの台湾大学、米コーネル大学ロースクール、英ロンドン・スクール・オブ・エコノミクスで法学博士を取得している。その後官僚になるが、李登輝総統時代には、李総統が発表した「二国論」の作成に深く関わった。民進党時代になると立法委員に当選、行政院副院長（副首相）を務めた。二〇〇八年には民進党初の女性主席となった。

　そして前回の選挙で敗戦後、彼女は即時辞任している。その後、派閥争いで揺れ動いた民進党で再び彼女が党首に返り咲いたのは、もっともバランス感覚に優れて調整能力が際立っていたからであった。

　きわめてバランス感覚に長けた指導者である蔡英文率いる民進党が、今回の選挙で稀にみる大勝をおさめた。ここに逆に不安を感じるのは私だけだろうか。

勝ち過ぎたことにより派閥間のつばぜり合いが激化し、逆にいかにバランス感覚に秀でた彼女でも党内運営に難儀する場面がでてこよう。特に今回の選挙で議員となったネット世代といわれる若くて過激な思想の人たちの御し方に苦しむことが予想される。

中国との経済関係を考えた場合、彼女は、中国とは少しは距離を置いてもいいけれども決定的な溝をつくるような喧嘩はできないという現実に縛られている。ところが、そうした選択をせねばならぬときに、民進党右派から辛くあたられる可能性が高いわけだ。その面では常に難しいかじ取りを迫られることになろう。

いま台湾が抱えている最大の課題は、バブル崩壊後の対処と中国経済減速への備えだ。同様に重要なのが社会制度・年金の改革である。

社会保険・年金制度の恩恵に与《あずか》っている側とそうでない側の間にある凄まじい格差問題を少しでも縮小することだが、内実はといえば、すでに公務員と産業界の社会保険・年金制度は制度破綻している。

日本型の年金社会保障制度改革に着手すること。これは台湾政府の喫緊の課題であり、前回の民進党政権のときに着手を試みたが、抵抗勢力のために阻まれてしまった。

ただし今回は前回とは状況が違う。議会までも国民党ではなく民進党が一極支配した形になった。今回、社会保険・年金制度を進められなかったら、逆に国民からの不満が強く出るのは必至であろう。

新政権は年金・社会保障制度改革のモデルプランを早急に示せ

黄　直面する経済問題については、いかに経済通の蔡英文がしゃかりきになっても、いかんせんどうにもならないところがある。「私は絶対にこうする」とか、「成長率は何パーセントにする」というような経済政策の目標設定の達成は、誰が台湾の指導者になっても難しい。蔡英文は下手な公約は慎むべきだと思う。

渡邉　内的環境と外的環境の悪さが二重に襲いかかってきているのが台湾経済の実相だ。これを改善する方法は、残念ながら台湾単独では見出せない。逆説的にいえば、それは「日本や米国の力を得て」という蔡英文の言葉に凝縮されており、日米の財界、ビジネスパートナーとどのようにうまくやって、中国ビジネスの減少分を補っていくかであろう。

台湾は中国と違って計画経済ではないから、民間企業任せになるのは致し方ない。ただし、政策的に内国投資を増やすよう税制上の優遇措置を設けたり、若年層の雇用に貢献した企業の税率を下げる等々、そうした方策を丁寧に行っていくしかないのだと思う。

蔡英文は米国でビジネスを学んではきたが、いまの台湾の風土・国土・環境を勘案すると、まず米国型ビジネスプランの展開は向かない。

先刻も申し上げたが、年金・社会保障制度などの日本型ビジネスプランを採用すべきだと思う。日本以上に少子高齢化が進み、すでに台湾の年金・社会保障制度は破綻しているのだから、まずは政権交代直後にそれを認めてしまい、そのうえで年金・社会保障制度改革を早急に実現せねばならない。

蔡英文政権としては、「この改革を行わなければ、いまは年金で豊かな生活をしている人たちも、近い将来は年金の大幅減額どころかゼロになるかもしれない」と現制度を当たり前のように享受している人たちに迫るべきなのである。国民に対して見せられる絵は不可欠なので、二〇一六年五月あたりをタイムリミットに、きちんとモデルプランだけでも作成して示さなければならない。

これは日本も同じで、政府は若い層の不満がどこにあるのかを真剣に掬い取らなければならないのである。本来政治の仕事とは、国民に安心と夢の絵を見せることだと思う。それを実現するかどうかは国民の責任だ。

効率をプライオリティにおいた台北一極集中

黄　台北への人口の一極集中解消も政策課題のひとつだと思う。蔡英文は、できれば首都移転まで行いたいという意見も述べていた。要するに、現状の台北への人口一極集中を放置しておけば、現在老化の一途をたどる東京と同じような結果になってしまう。そして同時に地方消滅を招く。これでは台湾が日本のはまった罠にはまることになる。首都移転については、目下論議中で、台中と台南はいち早く名乗りをあげている。

渡邉　周知のとおり、日本でも首都移転が上手く行かない理由は、首都と産業ポイントが同じであることが効率的であるからだ。人の移動に時間がかかるというデメリットが大きいという判断から、結局、首都移転構想は進捗していない。国際的競争力が低下するという声にも負けたようである。

私自身、効率をプライオリティにおいた一極集中は国の構造として間違いだと断じている。第一に安全保障上、感心しない。

台湾についてもまったく同じだ。主要都心を二つ三つ確保して、台湾にもせっかく新幹線ができたのだから、大動脈を利用して東京と大阪のように、台南と台北という二つの都市が両輪として機能するという構造にするとバランスがとれていくのではないか。

いま新幹線で台北から台南まで一時間半くらいで行けるので、料金は高いとはいえ通勤圏といえば通勤圏である。

黄　たしかに高雄・台北間は九十数分で日本ならば通勤圏に入るのだが、同じ経済圏とはいえない。つまり台北は台北、高雄は高雄なのである。世界最大のチャイナタウンの台北にだけ駐在して見る台湾の姿は、他の場所から見える姿とはまったく異なる。まるで違う国を見ているような気がする。

この台湾の経済状況をどうすればいいのか。それは世界の国々に通底する苦悩でもあるのだと思う。

香港とは立場が違う台湾

黄　香港はすでに金融センター、貿易センターの役割を上海に取って代わられてしまったから、今後の没落は避けられない。メディアがいくら台湾と香港を同等に扱おうとしても、両者の立場には大きな隔たりがある。香港は英国領から一九九七年に中国の特別行政区に組み込まれ、二〇四七年に一国二制度が解かれるのを待つ立場であるのに対し、台湾はいまも民主主義国家であり、台湾独立に立ち上がろうとする若い世代が育っている。

渡邉 香港で問題になっているのが、香港で出版業を営むスウェーデン国籍香港人と四名の同僚が中国の公安機関に拉致され、本土へ連行された事件である。拉致の理由は、当該五名が習近平国家主席の元愛人たちを取り上げた本を出版しようとしたこと。高度な自治と表現の自由が保証されている香港基本法が頭から無視された格好だ。

黄 こうした行為に至るのは習近平の時代からではないし、清王朝の時代から同じことをずっと繰り返している。それが中国という国である。

中国人留学生に対して露骨な優遇策を採った馬英九

黄 私は自著でたびたび台湾と韓国は中国に無理矢理に抱き込み心中させられるのではないかと書いてきた。

現在の台湾は経済も文化も中国一本やりの状況で非常に危なっかしい。早晩、それでは台湾はやっていけなくなるので、日米欧に積極的に目を向けなければならないと散々指摘してきた。

中国と蜜月関係にある韓国も同じようなものだ。政府が昔々の祖父母の代の慰安婦問題に振り回されっぱなしで、外国からは「この国はおかしいのではないか」と白い目で見られていることを多くの韓国人は気付かないようだ。韓国は輸出不振による景気後退、若者の就職難などの深刻な経済問題を抱えている。それらを覆い隠すように七〇年以前の昔々の慰安婦問題を振りかざす。国民の関心をそちらの方向に向けようとしているのは健全とはいえない。

台湾にしても、韓国にしても、中国を完全に排除するのでなく、日本と米国と対等に付き合いながら、バランス良くやっていくべきなのである。

渡邉　蒸し返しになるけれど、馬英九の時代の台湾はあまりにも中国を向きすぎてしまった。

黄　たとえば馬政権になってからは、中国から来た留学生に一人毎月六万元の無償奨学金を支払っていた。加えて、中国人留学生は税金を一銭も払ってないのに、保険金も払っていないのに医療保険も全額政府負担という優遇を与えたので、多くの台湾人は「馬英九は何を考えているのか？　なぜそこまでやるのか？」とおおいに訝しんだ。

馬英九のみならず華僑はみなそうなのだが、自分が住んでいる現地よりも、自分の故郷を目一杯優先するわけである。ベトナム、インドネシアはじめアジア各国で華僑が排斥されている理由はそこにある。

外地に住んでいるのに、そこに根を下ろさない。考えていること、行動していることはすべて自分の故郷のためである。ここがおかしい。

渡邉　もちろん馬英九は親中だったが、尖閣諸島については台湾のものだと主張していた。

黄　馬英九にもいろいろな問題があった。馬英九の国籍について明確に示すよう民進党が米国政府に正式に要求したことがあった。ところが米国側は「台湾の内政問題だから米国政府としてはノーコメント」と返してきた。馬は果たしてＣＩＡかどうかについては、目下馬側から提訴された「名誉毀損」はなお司法で訴訟中、まだ判決は出ていない。

なぜか。二〇一一年にパナマで聞いた話だと、米国がわずかの特殊部隊を派遣し、パナマの実力者であったノリエガ将軍を逮捕した。米国は台湾についても、仮に馬英九が思いもかけない暴走を演じた際には、米国籍の彼を逮捕して、**米国に連れ帰って裁判にかけるつもり**だったのではなかったか。だから、民進党に対してノーコメントと返したのだと、私は理解している。

日台間で非公式コンセンサスができている尖閣問題

渡邉　尖閣に関しては、台湾側は領土として欲しいというよりも、現実問題として尖閣諸島周辺の漁で生計を立てている漁民がたくさんいて、彼らの権利を守らなければならないという立場がある。日台双方の漁法が異なるため同時に漁ができないことが、問題解決の重しとなっていた。

あまり知られていない話がある。二〇一二年四月、亜東関係協会の廖了以会長（当時）が引退時に馬英九への置き土産としたのが、尖閣諸島周辺の漁場を日台の共同漁場とする取り決めであった。この廖会長は長らく国民党に籍を置き、台湾政治で活躍してきた人物だが、母親も祖母も日本人である。日台の共同漁場とすることで、中国の手出しがしづらい環境ができる。と同時に日本側から護衛艦を台湾側に贈るから、お互いに尖閣を護ろうというのが、いまの尖閣をめぐる両国政府の非公式コンセンサスとなっている。

ただし、これはあくまで非公式なものである。非公式でないと困る部分が日本側にも台湾側にもあって、日本側も二つの中国のうちどちらかを中国として認めるわけにはいかないからである。現時点で、中国を完全に断り捨てることはできない。

台湾としても中国とのビジネスが存在するわけで、そこで敢えて、日本も米国も微妙な位置づけで、台湾と付き合っているわけである。

黄　尖閣問題に関しては、蔡英文はもとより民進党内部、李登輝、馬英九、台湾内のさまざまな団体でその見解は多岐にわたり、台湾の多様性を物語っている。ここは、メディアが形成する世論を中心に国民が判断する傾向の強い日本とは大きく異なるところだ。

専門家の指摘によると、同じ釣魚島名の島でも、台湾と中国が認識する釣魚島と沖縄が認識する釣魚島（尖閣諸島）とはただ同名のみで、それぞれの位置が違う島である（石井望長崎純心大学准教授の説）。同姓同名でなくても、ただ同姓だけで、いざ選挙の時期になると、国民党の反対候補は、よく検察官から訴えられる。それは政敵に対する見え見えのいやがらせである。そして選挙が終わったら、やっと「人違いが確認したので」という名目で告訴を取り下げることになる。「尖閣」についても同じ手と考えられる。

渡邉　李登輝元総統は、尖閣は日本のものだとは明言しているが、独立派といわれる人たちの意見はかなり違っている。先刻述べた台湾の自然独立を唱える若手などは、尖閣は当然台湾のものだと思っている人たちが占める。だからといって、これで揉めてもいいことはないというのが大人の考え方だ。

一方、旺旺グループがスポンサーになって尖閣に船を出すなど中国側がちょっかいを出したがっているのは確かである。尖閣問題を政治的に安定させるのは、前述したとおり、日本と台湾との間で共同漁業権を認めてお互いに利害を一致させて中国の侵入を防ぐというやりかただと思う。

黄　共同漁業権に関しては、安倍首相になってからはその方向に努力を重ねた。しかしながら、私が聞いたところでは、「台湾に譲歩しすぎ」だと沖縄県側、日本の政府機構側に不満が多いようである。

廖了以（一九四七～）国民党に所属し、豊原市長、台中県長を二期八年務め、二〇〇八年、馬英九政権誕生により内政部長に就任し、翌年、総統府秘書長、さらに国民党秘書長を歴任。二〇一二年、戦後生まれで初となる亜東関係協会会長に就任。母も祖母も日本人で「四分の三は日本人」という血筋、日台関係に力を入れている。

すでに中国の握りこぶしのなかにある香港

渡邉　中国の版図のなかで国家をいくつかに分ける中国分割論は昔から多々あったが、それイコール中国共産党の中央集権体制の崩壊である。これを現在の中国共産党が許すのかといえば、許さない。

たとえばそうなってしまえば、シノペックのような中国共産党の国有企業体が中国全土にエネルギーや物資を供給し、共産党の中央集権体制の崩壊イコール、モノが流通しない構造になってしまう。同時に中央集権体制が崩壊すると国有企業も破綻するわけだから、必然的にそれは中国共産党幹部のデメリットでしかない。つまり、利権を消失する、イコール中国共産党が解体される。

なぜ中国が一四億の民を一つの国家としてコントロールできるか。悲しいかな、それは圧制によるものでしかない。

中国を喩えるのに「握っていないとバラバラになってしまう砂のような国」というフレーズがある。この砂のような国の民を握りしめ抑えつけていない限り、みな個人主義だから好き勝手なことを始めてしまう。

軍事独裁政権だからいまの中国共産党は存在し、中央集権だから単一国家が保たれている。中国共産党の否定イコール中国の分割という方程式が成り立つのだが、仮に分割するならば、分割後の国家はそれぞれ単一の経済体としては生きていけない。このような非常に大きな矛盾をはらんでいるのが中国の現状だと思う。

香港に関しても、本来は英国の植民地として独自の経済機能を担っていた。これが返還後に中国にどんどん飲み込まれていき、経済、教育、文化は徐々に変更を迫られ、融通無碍といった香港らしい輝きが失われつつあるというのが香港の現状である。承知のように、肝心な言論の自由も失われつつある。香港はすでに中国の握りこぶしのなかにあるといえる。

香港があくまでも経済体として独立していられる最後の砦が香港ドルの維持だと思う。香港ドルがなくなったときには完全に人民元の文化になるので、中国共産党が完全に香港を握ることになる。

人民元が強くなればなるほど、香港ドルの必要性が失われていくのは必然であった。ところが、人民元の信頼性がいま一気に失われており、香港ドルの価値が高まるというシーソーゲームが行われている。

中国から逃げられる人間だけが幸せになれるという不幸

黄　長い歴史のなかで、世界の政治システムもどんどん変貌を遂げ、二〇世紀に入っても世界秩序や政治の体制はコロコロと変わった。二〇世紀だけでもそれほどの変化があったのだから、中国の体制についても決して永遠不動のものではないと思う。

現在の習近平体制にしても決して安定しているとはいえず、崩壊か熔解かは別にして、これからの中国は世界と連動しながら変わっていくはずである。

渡邉　共産主義体制下にある一党独裁国家が中国のいまの姿。下剋上でひっくり返るのが中国の歴史であって、それは三国史時代から変わらない。下剋上が起きてひっくり返るイコール中国共産党の崩壊で、そのときには国が分割されるかもしれない。

けれども、それに対して現体制の支配者階級である共産党員たちは強く反発する。ここに一つ大きな問題があるとすれば、地方には軍閥があって、軍が地方政府と強固につながっているために、中央政府が完全にコントロールできていないことであろう。

黄　清帝国が崩壊した後の中華民国のカオス状態がずっと続いて人民共和国になった。毛沢東の時代と改革開放を経たいまの中国の状態を見る限り、中国の国家指導者は同じシステムをずっと堅持していく気持ちなど、さらさらないことがわかる。

最高権力者の一族でさえ、中国から逃げていくのはその証左だ。たとえば共産党第二世代の最高指導者だった鄧小平の孫娘でさえ、米国籍を取得するわけである。鄧小平の家族に限らず、中国人なら中国から逃げられる人間が幸せになれる。逃げられない人間はどうなるかわからないのが中国のコモンセンス。このような国の体制が長く続くとは到底思えない。

共産党の独裁体制をどこまで続けられるか？

これは専門家でもなかなか予測が難しい。たとえば習近平以降の体制がどうなるか、を読める人はそう多くはないはずである。習近平の後に共青団の人間が出てきても、どこまで支え切れるかは誰も読めないだろう。変わることは間違いないけれど、どう変わっていくかまでは分析できない。中国が存在する限り、「民主化」は絶対不可能というのが私の持論である。

圧政の時代が圧倒的に長かった中国

渡邉 毛沢東も共産主義を看板に掲げただけで、それは独裁制を執るための道具に過ぎなかった。その後共産党のメンバーがもともと持っていた地方豪商の国民党利権をそのまま受け継いで、それが地方政府と名前を変えた。

その共産党政権が中央集権による共産主義体制では儲からなくなったので、鄧小平以降、改革開放の名の下に社会主義市場経済といういびつな自由化をスタートさせ、おいしい部分だけを中国共産党の連中が国から吸い上げてきた。

それが現在の中国の本当の姿であり、中央トップが代わるたびに、北京、上海、広州などの利権構造が入れ替わってきただけの話。基本的にはあくまでも金のつながりなのである。

黄 中国がどうなるのかは、いまの南モンゴル人、チベット人、ウイグル人の将来の動静いかんで、彼らの動きによっては、米国合衆国のような形体に変わっていくほうがいいのかもしれない。

渡邉 でも悲しいかな、一四億人という巨大な民はアネイブルコントロールだ。それを三億人くらいに人口単位で分けていくにしても、その三億人ですら中国人の際立った個人主義を考えたときに、力以外のいわゆる民主主義的なものでまとめることは到底できそうにない。

中国の歴史を見た場合、**圧政の時代のほうが圧倒的に長かった**というのは、その答えなのであろう。それがインドと中国の大きな違いだといわれている。

さまざまな楽しみを享受してしまった中国人

渡邉　歴史的に見たときに、それが人権的に正しいか正しくないかは別にして、中国政府は一番やってはいけないことをやってしまったと思っている。

「知らしむべからず」を守らなかった。貧しい人たちにおいしい餌を与えてしまった。それは贅沢な消費であり、海外旅行であり、さまざまな享楽であった。

いったんそれらを享受した人たちは当然、生活レベルを落としたくないし、ひとたび得たものを失うことに対しては非常に強いアレルギーを持つ。

いまバブルが崩壊して経済が袋小路に入り込もうとしている中国は、こうした状況にある。これからは必然的にこれまで得られていたものがどんどん失われていく。そんな状況下で、中国人がどのような対処をするのか、それに対して共産党がどのような回答を出してくるのか、そこに大きなひとつの答えがあるのだと思う。

黄 ラテンアメリカに住んでいる友人に聞いたことがある。彼らはブラジル以外すべて中米から南米まで言葉が通じる。政府が違うだけである。その友人は、「同じ言葉、同じ民族なのでどの国に行っても安心できる、国の分け方もそれでいいのではないか」と訴える。

そういう考え方を中国人が思いつかないはずはない。いま中国に強制されている民族は強制力が弱くなれば、いずれ中南米のような国の形をとるという可能性が出てくるのではないか。

渡邉 中国人はやはり基本的に大中華思想を持っていると考えていいのか？

黄 持ってはいる。けれども実際には大半の中国人は個人主義が強すぎて、大中華思想というよりも**「オレ、オレ、オレ」というほうがはるかに勝っている**。

渡邉 ただ、個人主義を大中華で活かそうとしているところもあって、大中華のバックがある上での個人の力を利用しているように見える。中国という巨大な国家の裏付けを個人が利用しているわけである。

いざというときに信用できない中国人

渡邉　台湾のいわゆる寄進の文化は、日本から植え込まれた台湾のひとつの柱、良い意味での民度であろう。

しかしながら、それを大陸中国にインプラントできるかといえば無理である。日本がいくら頑張っても、大連も満州も朝鮮半島でさえ無理だった。

黄　必ずしもいまの体制に満足している中国人はそんなに多くないと思う。外で接触した民主活動家や法輪功の人たちは当然だが。

渡邉　台湾の立法院の前に行ったときに法輪功の面々を見かけたし、観光地にいくたびに法輪功がいた。そうした姿を見かけるにつけ、ああいうのはどうなのかなと感じるのは私だけだろうか。ある意味、これは世界中に中華街を形成する中国人と同じやり方ではないかと思った。

黄　非常に近い考え方だ。私がこれまで接触してきた民主活動家、宗教団体、人権団体に属する中国人たちはある共通点を持っていた。われわれが彼らに協力を申し出ると非常に喜ぶのだが、逆にわれわれがこういう集会を行うから参加者を募ってくれと応援を要請すると相手にしてくれない。ことごとくである。
台湾人の仲間から「大陸の人はこうだよ」と聞かされても、私はにわかには信じられなかったけれど、時を経るにつれわかってきた。
やはり彼らは自分のことしか考えていない。民族性と考えるしかない。とにかく自分のことが最優先で、他はどうでもいい。どういう次元であろうと、どういう団体であろうと、基本的には変わりはない。ひょっとしたら、自分のことだけで精一杯かも。それとも極端にエゴかも。

渡邉　日本とか台湾に限らず、法輪功が海外の観光地を含めて人目に付くところでデモンストレーションを行うことに対して、アレルギーを感じる人はすごく多い。日本的な美徳からすると、現地の相手さんに迷惑がかかるからやめたほうがいい。やるのであればTPOを弁えてやればいいのに、彼らはお構いなしだ。それに対して台湾の人たちはどう捉えているのか。

黄　法輪功には台湾人も加入しているが、爆発的な勢力になることはあり得ない。中国人が中心の組織である以上、台湾人は信頼していない。
いざというときに中国人は怖い。たいていの台湾人はそういう感覚を持っている。日常平時は中国人と友人として付き合っているけれど、非常時にはどう変わるかわからないという怖さを感じているからだ。

渡邉　それは国民党が台湾に入り込んできたときのトラウマがもたらしたものなのか。国民党は最初かなりフレンドリーに入ってきて、次に掠奪が始まったわけだから、そのときのトラウマは拭い難いのではないか。

黄　いざというときがポイントだ。非常時になると馬脚が露われる。だからいざというときがいちばん恐いのだ。「君子豹変す」ともいうのか。

法輪功　中国政府に非合法組織とされている気功団体。一九九〇年代初頭、吉林省出身の李洪志が伝統的な気功に仏教や道教の教えも取り込み独自に体系化。最盛期には中国政府の発表で二〇〇〇万人、法輪功側では一億人以上の支持者がいたとされる。江沢民政権がカルト集団として弾圧し、全国的に支持者を拘束する一方、法輪功は反体制的な活動を海外も含めて展開。

台湾問題は二一世紀の人類が解決すべき最後の課題だ

渡邉　香港の行く末についてもっともリアリズムを持って注視しているのは、間違いなく台湾人である。**同じ中華文化圏のなかで香港が消滅するのはいつなのか？**　一九九七年に香港を英国から回収した中国はその後の五〇年間、一国二制度を維持すると約束したけれど、実際はどんどん中国本土に取り込まれている。

私は、香港がなくなるのは香港ドルが消えたときだと考えている。

黄　二〇世紀に入ってから清帝国が消えて、中国の国の形が変わった。そして徐々に国民国家の形になって、それまた社会主義国家になった。鄧小平の時代以降、再度、中国は国の形を変えた。国家とは何ぞやと、中国人に問いかけたくなる展開である。

一九八〇年代、中国政府は「中国はひとつだけ」と主張していたが、八〇年代の中国の知識人の論文を読むと、「中国は多ければ多いほどいい」とする考え方が流行り支持されていた。「中国はひとつだ」というよりも「中国は多いほうがいい」わけである。

それに関して私は一昨年の六月、米国に亡命（二〇一二年五月）した盲目の中国人人権活動家で「裸の弁護士」として有名な陳光誠に直接聞いたことがあった。

「中国が多ければ多いほどいいという考え方を、中国人はどの程度お持ちなのか？」

彼はなかなか答えられなかった。無理もない、そうした思考を持っていないのだから。独裁専制国家の中国は、香港をはじめ、チベット、南モンゴル、ウイグル、幾多の少数民族（非漢族）との問題を抱え込んでいる。そして台湾についても圧力をかけ続けている。

これらはまるで、まだ結婚していないのにかかわらず離婚反対だというような態度をとっているようなものだ。そんな中国は世界の誰からみてもおかしいと思われている。

中国のこうした**唯我独尊が果たしてこれから通じるのか、これは人類共通の問題**だと思う。

二一世紀の世界の七〇億以上の人類が台湾問題を解決しなければ、人類には平和が来ない。これは台湾だけの問題ではない。個人的な見方としては、いまの台湾問題は二一世紀の人類が解決すべき最後の問題だと思っている。さらに台湾問題は当事者同士だけでは無理で、世界の七〇億以上の人間が発言しない限りは解決できないであろう。この問題を長期的に考えている私はあまり悲観視していない。

アメリカ政府が「中国はひとつ」という主張を認知する前提は、海峡双方の中国人がそう主張しているからという「前提」をもとにした理解である。しかし今の台湾と中国は、その「前提」が時代と世代とともに変わり、すでに消えてしまったはずだ。

アメリカ政府と全人類は「台湾」について一体と見るのか、再考すべき時期がやって来ている。

第6章

中国を滅ぼすパンデミック

中国のお家芸、歴史の歪曲から出発したシルクロード構想

渡邉　今回の選挙期間中、蔡英文はＡＩＩＢ（アジアインフラ投資銀行）についてどういう考えを持っているかはまったく明かさなかった。というか、経済政策は具体的にほとんど出てこなくて、完全にイメージ選挙であった。強いていえばＴＰＰの話くらいだった。日米と手を結ぶことにより、ＴＰＰに台湾が加盟できるようになって、世界の輪から外されなくすると語っていた。台湾がいちばん恐れているのは、世界から仲間外れになることだから、当然といえば当然だ。

黄　ＡＩＩＢとセットになっているのが陸のシルクロードと海のシルクロードにより、現代版シルクロードの構築を目指す中国の「一帯一路」構想の実現だ。しかし、これはかなりおかしな独り善がりな構想と指摘しておきたい。

だいたい数千年の歴史を持つシルクロード貿易で、中国人が主役になったことなど一度もなかった。主役を務めたのは前半は、陸ならば騎馬民族やソグド人、海のほうはマレー、ポリネシア系、その後はほとんどイスラム商人、それを引き継いだのが西洋人であった。中国系はほとんど脇役であって、シルクロードの運び屋よりもただのシルクやチャイナ（陶

器）の職人に甘んじていた。これも中国のお家芸、歴史の歪曲から出発したものといわざるを得ない。

ＡＩＩＢ　中国を最大の出資国とする、アジアの途上国のインフラ整備に投資することを目的として設立された国際金融機関。創設メンバーは五七か国で、イギリスやドイツ、韓国など一七か国が批准したため、二〇一五年一二月正式に設立された。本部は北京で、初代総裁は元アジア開発銀行副総裁の金立群。

ＴＰＰ参加こそが台湾の生命線である

渡邉　ＡＩＩＢに関しては台湾も当初、馬英九が積極的に入りたい、創立者メンバーに加入したいと運動していたけれど、中国から完全に拒否されてしまった。しかし、ＡＩＩＢは無格付け債しか発行できなかったので、立ち上がった時点で破綻しているといわれている。

黄　台湾の実状を勘案すると、台湾にはＡＩＩＢの助けはまったく必要ない。中国には過剰生産品の売却、過剰な労働力解決のために必要だし、他の国もインフラ需要のために必要かもしれないが、台湾はもともと日本と同じく債権国家で、債務国ではない。ＡＩＩＢから金を借りるという必要はない。

渡邉　インフラ投資に対して外的資金を集めなければならない環境にないので、ＡＩＩＢ

に参加することによってインフラ事業で台湾が何の部分に参入できるかというと、あまり見当たらない。メリットはあまりないが、仲間外れにはなりたくなかった。それだけだろうと思う。

台湾の頭のなかを占めているのは当然ＴＰＰだ。今後の台湾が日米と近い関係にあり続けるための生命線なのだから……。ＡＩＩＢを種に台湾人でビジネスができる人間はいないけれど、ＴＰＰであればグローバルな手掛かりをたくさん持っている。

黄　私はＴＰＰに関しては、米国議会で承認されるかどうか怪しいと思っている。あるいは議会を通過し、本格的に機能するまでに一〇年以上かかるのではないかとも憶測している。

渡邉　それは否定しない。ＴＰＰ自体が成立して実行されるかは霧がかかっているとはいえ、台湾にとってはいわゆるＴＰＰグループに参加することに意義があるのだ。ＴＰＰには中国も入りたがっているが、それを許したらＴＰＰ本来の意味が雲散霧消するわけだから、米国が認める道理がない。

最初の議定国に入っていない場合、新規にＴＰＰに加盟したい国については議定国のうち一国でも反対があれば弾き飛ばされるルールが決定されている。ブロック経済における国際連盟・国際連合の役割がＴＰＰだと考えればいいのではないか。

一月一八日の西日本新聞がこんな記事を出しているが、大筋でそのとおりだと思う。……「悲願」だった安定的な政権基盤を築く蔡氏。その最初の〝関門〟は、環太平洋連携協定（ＴＰＰ）加盟だ。

「台湾の規制と制度の全面的な改革が必要で、やるべきことは山ほどある」。一六日夜の記者会見で、蔡氏はＴＰＰ加盟を急ぐ方針をあらためて強調した。

台湾経済は輸出の域内総生産（ＧＤＰ）比が六割と極めて高い。広域経済圏への加盟は蔡氏が掲げる中国依存からの脱却に直接つながる。

「米国に譲歩しＴＰＰ参加の支持を得ること。さらに重要なのは、中国にも反対させないということだ」……

変わりつつある韓国のビヘイビア

渡邉　アジア全体を俯瞰《ふかん》してみると、中国と日米による代理戦争、巨大なパワーゲームが繰り広げられ始められているのが現状だ。

中国は第一列島線（沖縄、台湾、フィリピン、ボルネオ島に至る中国が策定した対米防衛ライン）といわれる海の防衛ラインを破ろうとしており、南シナ海の二つの人工島建設問題が該当するが、当然、日本側は阻止したい。そして、人工島をめぐる日米中のパワーゲームのなか、それぞれの周辺国にそれぞれが踏み絵を迫っているのが今日の実相である。

各国の方針は民主主義に則って選挙結果により反映され、台湾は日米側を選んだ。これが南シナ海のパワーバランスを大きく変化させるに至った。当然、中国は黙っていられないだろう。

中国がもうひとつ取ろうとしていたのが朝鮮半島の韓国であった。韓国は一九九七年の東アジア通貨危機によりデフォルトに陥り、韓国の国内資本企業がほぼ崩壊してしまった。ＩＭＦを通じて米国を中心とした国際金融機関が買収、民族資本が失われて破綻国家となった。

その経緯のなか、現代、サムスンという二大財閥によるモノカルチャー経済に巻き戻った。見た目上は最新のものをつくっているように見えるのだが、中身は二つの産業だけで成り立つようなモノカルチャー、バナナリパブリックであった。

こうした流れに強い不満を持った韓国の人たちは、米国と距離感をとるために中国に接近していった。韓国のビヘイビアに対して米国は強い不満を持っていたし、同時に日本との関係も悪化していった。

では、韓国は本当に中国側につくのか、その覚悟があるのか。その**最後の踏み絵が昨年**

末の日韓合意ではなかったか。日韓合意後は、盧武鉉政権時代から米国が再三要請してきた高高度ミサイルシステムの防衛システム導入を受け入れるなど、韓国側は明らかに変化を見せている。

中国のみならず北朝鮮の脅威も含めたものではあるものの、韓国が再び日米側につき、台湾が日米側にまた戻りつつあるというのが、オセロゲームの現状と思われる。

「台湾を日本・アメリカと中国との代理戦争に使うのはよくない」と台湾に近いある自民党の代議士が苦言を呈していた。

米国と中国との間に入るとすれば日本なのだが、通商国家で貿易依存度が六〇%という小さな国である台湾を強要して、中国との代理戦争に絡ませてはならないというわけである。

これは日本政府の従来からの考え方であり、そのスタンスはおおむね変わっていない。台湾との関係において非公式な状況を続けているのは、日本側の配慮によるところもあったのだと思う。

パワーバランスが崩れる契機となる米国の東アジアへの傾斜

渡邉　いまのアジアの状況が何かをきっかけに急変する可能性はおおいにあるだろう。たとえば、フィリピンが二つの人工島のうちのひとつにフィリピン軍の元特殊部隊の人間が民間人として乗り込んで在留しているような状況がある。後ろ側にはフィリピン軍が控えているから中国としても迂闊《うかつ》に手を出せずに睨《にら》み合いが続いている。

一方では中国の武装漁船によりベトナムやフィリピンの漁船が何百艘と沈められており、両国民は怒り心頭に発している。あと二年程度をめどにフィリピンに米軍基地が戻って来る計画が進められており、ここでパワーバランスが崩れるはずだ。

米国が東アジアに力を傾斜すればするほど中国がどこに逃げ道を求めていくのかが問題になってくる。その途中で一か所でも軍事衝突が起きたとき、それまではビジネスだから中国と付き合ってきた国々が一気に手のひらを反す可能性が高い。

実際、中国とあれだけ蜜月のフリをしていた英国海軍が堂々と米国の「航行の自由作戦」に参加を表明し、空母を派遣すると明言している。ＩＭＦのＳＤＲ（特別引き出し権）への人民元採用には秋波を送り中国に肩入れした英国が豹変したわけだが、ここは**英国の二**

枚舌外交の面目躍如といったところだろうか。

台湾名義での国連加盟の申請運動

黄　台湾の国際的地位に関してずっと誤解され続けていることがあるので、改めて言及しておきたいことがある。一九七一年一〇月、代表権問題で台湾（中華民国）が破れて（国連から）追放されたと認識している人たちがいるが、そうではなく、台湾が自ら脱退したということだ。

当時、岸信介が蔣介石を説得にかかった。「国連を脱退しないほうがいい。中華民国の代表権をそのまま人民共和国に譲って国家として認められている台湾の名前をそのまま残しておいたほうがいい。脱退したら大変なことになる」。けれども蔣介石は岸の説得を受け入れなかった。これで台湾の国際的地位は非常に厳しいものになった。

台湾は陳水扁時代からずっと国連の再加盟問題をめぐって、「台湾」名義での加盟申請運動を行ってきた。国連に入った以上は独立国として世界から承認されたわけだから、わざわざ「独立宣言」などしなくてもいいからである。同運動は二〇〇〇年以降ずっと続けられており、かくいう私も参加している。

現時点で台湾を承認している国はパナマ、パラオはじめ約二〇か国程度に留まっている。しかし何らかの方法で国際社会に入らない限り、国際的地位は確立できない。

前総統の馬英九は、台湾は中国の一部であるという考えで、国防と外交のほうも中国との競争を放棄した状態であった。しかし、台湾を国家として認めるかどうかについての条件は全部整っており、残っているのは国際的認知のみだ。

国家の条件とは大づかみにいえば、領土と政府、国民と主権であって、残るハードルは国際的認知なのである。

ひとつの中国を日本の国民運動にすると約束した土井たか子

黄　昨年英国において「台湾を国家承認しよう」といった声があがった。署名運動が起きて一万四〇〇〇人余りの署名が集まったので、ルール上英国政府としては検討せざるを得ない。さらに一桁上の一〇万人以上の署名を集めた場合には、議会でのテーマとなる。

日本の人たちは覚えていないだろうが、かつて日本では今回の英国と逆の運動が起きたかもしれなかった。社会党の土井たか子委員長が一九八七年訪中の際、趙紫陽中国国務院総理（当時）に対して、「台湾の統一を促進するため積極的に行動し、日本で国民運動に発展させる」ととんでもない約束をした。彼女にはそんなことを推進できる能力はなく、**趙紫陽が騙された格好**となったわけだが、日本は大きな汚点を残した。

仮にいまの日本で英国のように、「台湾を国家承認しよう」という運動が起きるならば、支持者をそうとう集められるのではないか。国会審議を通過するかどうかはわからないが、米国議会がつくった台湾関係法のような法律をつくることも可能かもしれない。

渡邉　数年前、台湾の故宮博物院で国民党および台湾政府が歴史上締結した条約文の原本すべてを展示されていた。これはすごいことで、当時の英国国王のサインが入った原本、日本の天皇陛下直筆の原本などが置かれていた。特に印象的であったのは、「わが国は何か国にノービザで入国できます。何か国と国交があります」を示していて、面白いことに、「中国は何か国です」とその隣に書いてあった。

黄　ただし、二〇一四年、私が東欧に出張した際、台湾人がノービザで入国できるはずのセルビアでトラブルが起きていたのを見ている。台湾の旅行社が飛んできて交渉したが、どうにもならなかったようだ。

ただこの東欧出張で、中国人がいかに警戒されているかがわかった。ルーマニアとブルガリアで、東洋人にのみ警官が厳しい目付きでトイレのなかまで付いてきた。中国人の密入国者があまりに多すぎるからである。私の顔が東洋人だから中国人ではないかと思ったらしい。それで、「私は日本人だよ、中国人じゃない」といったのだが、まったく信用しない。

ここで感じたのは、同じ旧社会主義国家のなかでも中国は特別に信用されていないということであった。日本や米国だけでなくて、中国人の密入国者は世界のどこでもあふれているのだ。ことに中国人をめぐる凶悪犯罪の残虐さは世界を震え上がらせる。

趙紫陽（一九一九～二〇〇五）河南省出身。一九三八年中国共産党に入党。文革で失脚するも、文革終了後、鄧小平派として改革開放政策を推進する。一九八七年、総書記に就任するも、学生や市民による民主化運動を支持したため、一九八九年の天安門事件で失脚。その後、死ぬまで軟禁生活を余儀なくされた。

カリスマ李登輝元総統の賞味期限

黄　日本の政治家のなかには依然として李登輝元総統の影響力は残っている。かなり前になるが、何度か国会議員相手に、「いちばん尊敬する政治家は誰か」と尋ねたところ、必ず出てくる名前が吉田茂、岸信介、李登輝の三人であった。

若い世代を含めて一般の人たちに対して大きな励ましとなるのは、九三歳でありながら彼が街頭でマイクを持って語りかけていることだ。これを間近で見ると、八〇歳の人間が「俺はもう年だから引退したい」とかいえなくなる。

李登輝は昨年一一月二七日に脳梗塞で倒れてから入院中である。本人がどこまで理解しているのかわからないが、私は彼が生きているだけで影響力があると思う。

東日本大震災により代替わりした日台交流パイプ

渡邉　正式な国交が日本と台湾との間ではないので、役所間の交流がなかなか難しい。政治パイプとして新しくつなぎ替えて新しい世代に順番にリレーしていかなければならないのがお互いの課題であった。

それが三・一一東日本大震災により、民間交流がかなり活発化し、若い層の間にも浸透した。それまでは台湾シンパというと日本側も台湾側もシルバー層ばかりで、ジリ貧状態であった。それが急に二世代ぐらい若返った。つまり、ここで改めて正しいパイプのつなぎ替え、つまり代替わりができたのは心強い。逆にこれが**できなかったのが日本と韓国**である。

黄　馬英九時代、台湾政府は日本との付き合い方に裏表があったが、これから始まる蔡英文政権においてはそうした誤魔化しは消えるはずである。日本のメディアにもそれを期待してほしいと思う。

台湾人に民意調査を行うと、いちばん好きな国は日本でだいたい平均で四九〜五〇%を占める。二番目は米国で、数字的にはせいぜい二四〜二五%。

そして台湾人の一般的な回答をひろってみると、日本はもっとも観光したい国だけではなくて、もっとも住みたい国でもある。

渡邉　親日台湾人が世代交代、代替わりするのはいいことだが、親日が日本人の常識みたいになると、それが日本の甘えというか、怠慢につながりそうな気がする。

黄　甘えというよりも、台湾人にすれば、日本人と付き合ってみると信頼感を持てるのだ。裏切られないということだけでも、一種の安心感を得られるわけである。

渡邉　たしかに台湾の日本語教育世代の人たちと若いインターネット世代とは文化的な差異がある。ただ、台湾の若い世代も日本人はまずおかしなことはしない、裏切られないという安心感を抱くようで、それが醸成されつつあるのは心強い。

ただその一方で、**台湾人のことを日本人はあまり知らない**のではないかという懸念がある。日本がGDPで常に世界第二位だったことで、言葉は悪いけれど、日本人には優越感の部分もあるだろうし、日本は幸運にも一時期を除けば台湾のように歴史の変遷でもまれなかった島国であった。対する台湾は、常に外的脅威にさらされ続けてきた。このような大きな差異を日本人、とりわけ若い世代は認識していない懸念がある。

韓国人が嫌われる理由

黄　逆に台湾人が嫌っている国のアンケートをとると、毎回同じ結果を得られる。トップが中国で二位が韓国で、順不同に定着している。

なぜかというと、何度も繰り返してきたように、中国人と韓国人にはいまでなくてもいつか必ず裏切られる、それから逃げられないという恐怖感を持たされるからだ。信頼感を感じられない。彼らの民族性なのかどうかわからないのだけれど、表面的には親しくしていても、いつか裏切られるという不安感を拭い去れない。

渡邉　私が知っている外省人で中国との関係が深いといわれているメディアのトップを務める人物がいるのだが、その彼でさえ中国人のことは嫌いだと本音を洩らしたことがある。

彼が中国人よりもっと嫌いなのが韓国人で、一緒に食事をしていたときに韓国の話が何かの拍子に出た。すると「飯がまずくなるからやめよう」と真顔で促された。本音が垣間見えた瞬間であった。

台湾でいわゆる親中派といわれている人たちにも何種類かの系統がある。生まれ育った大陸を再び自分たちのものにしようとする一派は八〇代以上で占められ、ほぼ消えかけようとしている。

次の世代の人たちは中国大陸ビジネス派だ。中国とビジネスをしないと生きていけない。そのためには中国のいうことを聞かなければならない。この人たちがいま台湾で親中派と呼ばれているわけだが、**彼らの腹のなかを割ってみると実はそうでもない**、というのが実態であると私は見ている。


黄　韓国人をなぜ嫌うのかについては、こんな実例がある。北米でかなり大きな会社を経営している台湾人の友人がプラント事業の提携目的で韓国の大企業と交渉するために白人の部下数名を従えてソウルまで飛んだ。

相手方の韓国企業の社長がわざわざ空港まで迎えに来てくれて、台湾人の彼をジロジロ眺めた後、彼だけを置き去りにして、白人社員を四台の車に分乗させて本社に向かってしまった。

本社に着くと白人社員の一人が「大事な人がいない」といったら、韓国人の社長が「うちの会社では通訳は要らない」と答えた。台湾人経営者のことを勝手に通訳だと判断してしまったのである。

「東洋人が西洋人の会社の社長になるはずない」と考えている偏見がそうさせたわけだが、こんな経験をした台湾人の友人はそれ以来、韓国企業とは一切付き合っていないそうである。まったく宜《むべ》なるかなである。

タイワンとチャイニーズタイペイ

渡邉 台湾の人と韓国の話になると日本人以上に盛り上がる、熱くなってしまう。日本人のほうがまだ醒めている。だから大人の人は「飯がまずくなるからやめろ」で片付けるのだろう。

黄 韓国人は不正直だから、付き合うと損をするというような認識が台湾人のなかに植え付けられているからだ。

渡邉 台湾の人たちの感情面で聞いてみたいことがある。たとえばオリンピックに出場するときに、台湾を紹介するアナウンスメントは「チャイニーズタイペイ」とされることが多い。これを聞いて、台湾の人はどういう心持ちになるのか。

黄 結局、これまで本当にさまざまな事件があって、話をするとキリがないのだが、**中国の苛《いじ》め**としかいいようがない。自分より弱いと見ればすぐ苛めにかかる。そういう民族なのだ。

渡邉 いまは台湾製品には「Made in Taiwan」と刻されているが、かつては「Made in

ROC（Republic of China）」だった。それがいつからか「Made in Taiwan」になっている。おそらく李登輝元総統が「中華民国台湾省」という表現をやめたときに表記を切り替えたのではなかったか。

黄　チャイニーズタイペイという呼び方は中国が台湾に対して、その組織がどこまで中国の圧力がかかっているのかを表すひとつのバロメーターになっている。国連機関やIOC（国際オリンピック連盟）はタイワンでなくチャイニーズタイペイだから、中国の圧力が及んでいる。一方、野球の「ワールド・ベースボール・クラシック」ではタイワンとなっている。

渡邉　ワールド・ベースボール・クラシックは日本と米国が主催国のようものなので「タイワン」になったし、何といっても米国には台湾特別法がある。

台湾パスポートの変遷

黄　逆さから見れば、台湾が日本と米国と付き合うだけでも、中国離れというふうに見られるわけだ。なぜか？　中国は圧力をかけながら、台湾がいかなる国と付き合うことを禁止してきた。だから日米以外のどこかの国と付き合うだけでも、これは台湾の中国離れと認識するわけである。

渡邉　台湾と正式国交がある二二か国はどういう表現を使っているのかというと、中華民国（リパブリック・オブ・チャイナ）である。台湾のパスポートはどうなのか？

黄　陳水扁時代には誤解を避けるために中華民国の名前を入れて、その後ろに括弧して台湾と入れてあった。

中国との距離感と台湾アイデンティティ

黄　両方とも同じ中国人ではないかと日本人は単純に考えているからだろうが、中国人と台湾人のアイデンティティはかなりの隔たりがある。国家のアイデンティティ、民族のアイデンティティ、社会のアイデンティティ、さらに文化のアイデンティティもそれぞれが異なる。

私がどうしても理解できないのは、テレビ解説者として知られる池上彰氏が台湾を中国と同一のもののようにわかりやすく解釈していることである。世の常で、一般的な常識と実際は違うことがほとんどである。ひょっとして彼は間違いだらけの中国政府が発表した台湾白書を読み込んだのかもしれない。

中国のボーイング機購入をめぐるトラブル

黄　中国における株、不動産、理財商品が全滅状態にあるというのは、われわれの共通認識だが、問題なのは、その後がどうなるかである。

共産主義体制が崩壊するのは、たとえばこれまでの王朝が交代したようなものになるのか、あるいは毛沢東が大躍進に失敗して数千万人が餓死したような悲惨な状態になるのかはわからない。

渡邉　私が面白いと思っているのは、経済の下降局面でさまざまな対応を行っている中国政府が、**マーケットをコントロールできると本気で考えている**ことだ。これは天にツバを吐くようなものであることがわかっていない。実際には今年一月に株のサーキットブレーカー制度をあっさりと放棄したように、コントロールできずに右往左往しているのが現状である。

黄　コントロールできないのは、はじめから構造的に無理であるからだ。地方は地方、中央は中央ということで連結性がない、つながってない。だから経済破綻状況に陥ったとき、おそらくここは駄目だがあちらはまだ維持できるようなまだら模様になるはずだ。ただし、全体像がどうなるのかは不明だ。

まだら模様は早くも浮き彫りになりつつある。昨年来、習近平は海外に出掛けて行っては大盤振る舞いをしてきた。訪英では、英国の原発プラント事業などに数兆円を支援すると発表した。中近東、イランにも兆円単位の支援を申し出ていた。

では、中国に本当にそんなに余裕があるのだろうか。たとえば米国のボーイング社と旅客機の購入契約をいちおう結んだのが、早くも支払をめぐってトラブルが発生しているようだ。

渡邉　なぜ中国がボーイング社から旅客機を購入するという話になったかというと、中国に純国産旅客機をつくる計画があったのが、失敗に終わったからだ。それで将来の運航計画分をクリアできなくなり、不足分をボーイングから調達することになった。この契約自体、中長期で何機購入するかというアバウトなもので、実際に何年の何月に引き渡すというレベルではなく、かなり流動的な話なのだ。

このように中国が発表する投資プロジェクトはたいてい期限のない中長期のものである。先ほどの英国の原発プロジェクトなどはその典型であろう。まずは地元のコンセンサスをとって建設に至るまでには三〇年はかかるだろうといわれている。

これも**中国の大風呂敷**の特徴といえる。表に出てくる金額だけ見てメディアは大騒ぎするのだが、実際はそれがどこまで実施できるかはわからない。相手国もそれがわかっている。中国にいわせたいだけいわせておき投資させる。実を取ればそれでよし、みたいなところがある。

この先の中国はファシズムかコミュニズムかに動くしかない

黄　問題なのは、世界中あっちにもこっちにもちょっかいを出している中国がどうなるかだ。五年先、一〇年先に中国の現体制がそのままなのかどうかは誰にもわからない。

渡邉さんは共産主義革命が起こるのではないかという考え方をされているのか？

渡邉　中国が完全自由化したら、余計に中国国内を抑えきれない。したがって、よりいっそう強権的になって、毛沢東時代のような締め付けの厳しい体制が復活するのではないか。

黄　私も基本的な見方として、中国が存在する限り、全体主義は絶対に必要なのだと思う。コミュニズムが駄目ならば今度はファシズムということで、左から右、右から左。こういう極端な変動しか生き延びる方法はないのではないか。中国が存在するには全体主義以外に他の手はない。

渡邉　分配をしないとあの国はどうしようもない。分配するには再び共産主義革命、文化大革命のようなものを起こすしかなく、やはり毛沢東主義に戻っていくのだろう。計画経済でないとあの国は成立しない。

黄 結局、中国はファシズムかコミュニズムかどちらかに動くしかない。中国を自由主義とで運営していくのは不可能である。国として存在するためにはそれしかない。

中国を滅ぼすパンデミック

黄 中国は人口がべらぼうに多くて、一見したところ多種多様で何でもありだから、耐久性に富むように見えるのだけれど、パンデミックひとつで国が幾度も滅びている。

長い歴史のなかで、宋王朝、元王朝はペストが流行っただけで崩壊してしまった。明王朝はコレラと天然痘の大流行で滅びた。そういう意味では二〇〇三年のSARS（重症急性呼吸器症候群）は、いまにして思えば中国存亡の危機だったのかもしれず、だから胡錦濤、温家宝が血眼になって陣頭指揮を採っていたのかと思うと、妙に納得がいく。

渡邉 中国はSARS、コロナウィルスはじめ多くのウィルスの発祥地であるのにもかかわらず、いまの劣悪な衛生環境を改善しようとしない。そんな中国国内でパンデミックが発生したら一発で終わりだろう。

豚と鳥と人間が一緒に暮らす農村環境がすべてのコロナウィルス、インフルエンザウィルスの発祥の原点といわれる。鳥と豚、豚とヒトとの種の壁が低く、ウィルスの転移を起こさせる環境をつくっているのが中国の現状で、これを急に止めることは不可能である。中国が安定するには中国の人口が三億人ぐらいまで減るのが理想だと学術的にいわれている。いわゆる「適正人口」である。仮にインフルエンザのパンデミック、一九一〇年代に発生したスペイン風邪のような疫病が中国国内で大流行すれば、図らずともそれは起こり得るのではないか。

中国の場合は個人主義が強すぎて、衛生面での公共投資には金をかけていない。ビジネスインフラの構築はつくるけれども、**人間の健康をサポートする福利厚生的なインフラには無関心**である。このあたりも民族性が反映しているのであろうか。

歴史を振り返ってみると、疫病によって大国が破綻した例はけっこうある。近代国家でないという前提で考えると、現代においても十分起こり得る話である。

たとえば南米ではジカウィルスによりパニック寸前まで追い詰められたし、少し前にはアフリカでエボラ熱が流行った。このような新手のウィルスが出てきたとき、衛生環境を整えられていない国に関しては、そのまま国家崩壊へつながりかねない。もちろん衛生面できわめて脆弱《ぜいじゃく》な中国にもその可能性はおおいにある。

黄　中国が医療や衛生に関心がきわめて薄いのは、中国人大学生の入学状況を見れば一目瞭然である。大方の日本人は知らないと思うけれど、中国では成績のいちばん悪い人が医学部に入学するのが一般的で、これは日本と台湾とまったく正反対である。日本統治下の台湾で真っ先に創設されたのは師範学校と医学専門学校であった。台湾であれば、成績優秀の高校生は絶対に医学部を目指すものだが、中国は逆なのだ。

それで納得がいくのだが、中国の医者はクオリティが低い。**中国の病院に入院していた旅行者の腎臓が盗まれた**というような信じられないニュースをたびたび聞かされるが、とにかくそういう国だし、医者についても、日本や台湾とは別物と認識したほうが身のためだと思う。そんな医療環境が当たり前の中国でパンデミックが発生すればどうなるか、考えただけでも怖ろしい。

中国人は有史以来、仁義道徳を語りつくしているが、医療衛生については、ほとんど口にもしない。しかし日本人は、ケガレについて悪以上の悪と考えている。この価値観の違いは、日中の文化と民族性との違いを決める、もっとも根源的なものではないだろうか。

あとがき　世界の対立軸は普遍的価値vs.核心的利益か

中国経済の異変は日本経済と連動して、日本政府でさえ予想以上に深刻に昂進していると公言している。ことに中国政府が公表する経済数字については、中国内外とも信じられていないこともすでに一般「常識」となっている。

「早く沈没寸前の中国船から逃げろ」と世界的に知名な投資家ソロスはすでに明言している。この「口禍」で、彼は中国政府からあらゆる手をつくして袋叩きされている。それでもソロス自身どころか、実際中国からのヒトとカネの大逃走は日を追って加速している。

異形の超大国・中国の異変については、話題沸騰しているが、これからはいったいどうなるかも関心の的となっている。

東西冷戦後、ＢＲＩＣｓが抬頭し、ことに中国の経済と軍事が突出した。中国の国家戦略も「地理的国境」から「戦略的国境」へと「三次元的宇宙空間」へと変更し、宇宙軍まで創設と公言したほど。実際、目下はサイバーウォーが昂進中である。それは、中国の陸から海への進出の背景のひとつでもある。

隣邦・中国は、「海洋強国をめざす」と公言する以外には習近平の時代に入ってから「中華民族の偉大なる復興の夢」を掲げ、連呼絶叫しながら、海へ力をのばそうとしている。その背後にはいったい何があるのだろうか。

その背後、ことに歴史背景を知るには、空間のスケールと時間のスパンをもっとのばして見る必要がある。

ユーラシア大陸の東側、ことに中華世界の中原を中心に、秦、漢以来、約二千余年の間に秦人、漢人をはじめ、五胡、契丹、女真、モンゴル、満州人などなど数多くの種族、民族がここで王朝をつくり、一治一乱、興亡盛衰をくりかえしてきた。

儒教思想からはこの興亡盛衰を徳の盛衰をもって「易姓革命」として説いているが、それになるまで、人文の視点を歴史法則とみなす域しか脱出していない。王朝興亡の背後には、自然環境と社会環境の悪化と劣化という自然の摂理と社会の仕組もあり、疫病と戦乱などから起こった複合的なカタストロフィーもある。

東亜世界は有史以来、この歴史の鉄則というよりも歴史の罠を脱出できずに、王朝の興亡がくりかえし、近代に至っている。

二〇世紀に入って、中華世界の天民は国民国家に憧れ、一九一一年に辛亥革命をきっかけに中華民国をつくったものの、逆に天下大乱。国共内戦の結果、勝った人民解放軍は中華人民共和国を樹立したものの、社会主義社会建設にも挫折したので「改革開放」へ「自力更生」から「他力本願」と路線変更せざるをえなかった。それが帝国から民国、そして人民共和国への国体の変更をせざるをえない、歴史背景でもある。

改革開放の結果、「外需依存」しか生きられない「通商国家」という国のかたちになってしまっている。ではなぜ中国は「海に出なければ二一世紀の中国はない」とまで「海洋強国をめざす」とまで公言しているのだろうか。

東亜世界史上、かつてそういう巨大な「通商国家」出現の史例がなかった。かつてのモンゴル人のフビライ・ハーンの大元帝国はまさしくそういうタイプの国家だった。大元帝国の日本と南洋の渡海遠征は、改革開放後の東シナ海と南シナ海をめぐる国際紛争はモンゴル軍の海洋進出の歴史劇の再演とみるほうがわかりやすい。

そしてかつて中華世界に君臨した諸民族を統合して、中華民族を創出する中華帝国の歴史劇の再演となる。しかし中華民族の構成については、すでに一世紀以上経っていたものの、非漢族をすべて同化するのは、それほど容易ではなかった。

中国という国は、いくら「友好」やら「善隣」と「善人」をよそおっても、物理力圏外は別として、歴史的に隣邦の存在は絶対許さないのが伝統的な国家観である。それは天下一国主義というユートピアからくるので、かつて隣邦だったチベット、ウイグル、南モンゴル、満州などの実例を見ても一目瞭然で論をまたない。

まだ手に入っていない台湾まで「絶対不可分の神聖なる固有領土」を主張し、国連をはじめ日米など万国に認知を強要することは、はたして許されるのだろうか。それも二一世紀の人類にとって問わなければならない課題のひとつだと私は思うのである。

二〇一六年に入って、戦後七〇年にあたって台湾を統治してきた中国国民党体制は崩壊した。台湾人から見れば、中華民国体制はまさしく「華僑王国」そのものだった。過去東南アジアの西洋植民地統治の番頭役とみなされているのが華僑だった。東南アジア諸国の民族解放、独立運動は華僑追放に始まるのは、東南アジア史が如実に物語っている。この歴史知識については、ことに日本文化人はかなり欠落している。

日本周辺をめぐる国際環境の変化、中国経済の異変と海洋進出にかぎらず、北朝鮮の核、先軍政治の暴走、韓国の中・米への事大の動揺、そして台湾の激変などもその異変を如実に物語っている。もっと目にも見えるのは東シナ海と南シナ海など海の緊張の高まりである。

では東アジア全域の国際環境の異変のなかで、中国経済の異変から軍事力や国家戦略の修正までに追い込まれるだけでなく、これからの国際的な経済と政治外交軍事にも連動されることが考えられる。

私は二一世紀の世界力学と秩序を整理してみた。日米中を視点に入れ、人類共有の議題をも考慮に入れ、少なくとも以下の三つの動向に要約することができる。

①世界の対立軸は、普遍的価値vs.核心的利益となる
②人類の夢vs.中華民族偉大なる復興の夢となる
③最大公約数として70億vs.13億（あるいは8000万人）との対峙へと昂進していく

台湾と中国は海峡を隔てて、有史以来、ずっと今日に至って島と陸との対立を続けている。それも文明衝突と文化摩擦の一現象と見られている。台湾と中国との関係については、ことにインターネット世代の動向について、渡邉氏との対談を通じて、私は台湾の視点から、中国経済異変後からの日米中をはじめとする世界力学構造と秩序変動の可能性についての諸問題と課題をとりあげた。日本をはじめとする国際情勢を知る一助となれば幸甚である。

平成二八年三月　黄文雄　識す

●著者略歴
黄 文雄（こう・ぶんゆう）
作家・評論家。1938年台湾生まれ。1964年来日。早稲田大学商学部卒業、明治大学大学院修士課程修了。拓殖大学日本文化研究所客員教授。『中国の没落』(台湾・前衛出版社)で大反響を呼び、評論家活動へ。1994年、巫永福文明評論賞、台湾ペンクラブ賞受賞。日本、中国、韓国など東アジア情勢を文明史の視点から分析し、高く評価されている。著書に『断末魔の中国経済』『米中韓が仕掛ける「歴史戦」』『真実の中国史【1949-2013】』（以上、ビジネス社)、『中国の戦争責任』『これから始まる中国の本当の悪夢』（以上、徳間書店)、『日本人なら知っておきたい中国の捏造の歴史』（宝島社)、『それでもなぜ、反日大国の中国人、韓国人は日本に憧れるのか?』（海竜社）など多数。

渡邉哲也（わたなべ・てつや）
作家・経済評論家。1969年生まれ。日本大学経営法学科卒業。貿易会社に勤務した後、独立。複数の企業運営に携わる。インターネット上での欧米経済、アジア経済などの評論が話題となり、2009年に出版した『本当にヤバい！欧州経済』（彩図社）がベストセラーに。内外の経済・政治情勢のリサーチ分析に定評があり、様々な政策立案の支援から、雑誌の企画・監修まで幅広く活動を行う。主な著書に『余命半年の中国経済』、『ヤバイほどおもしろ楽しい台湾見聞録』『これからヤバイ世界経済』（以上、ビジネス社)、『戦争へ突入する世界 大激変する日本経済』『中国壊滅』『ヤバイ中国』（以上、徳間書店)、『日本人が知らない世界の「お金」の流れ』（PHP研究所）など多数。

中国黙示録～未来のない国の憐れな終り方

2016年4月21日　第1刷発行

著　者　黄　文雄　渡邉哲也
発行者　唐津　隆
発行所　株式会社ビジネス社
〒162－0805　東京都新宿区矢来町114番地　神楽坂高橋ビル5F
電話　03－5227－1602　FAX 03－5227－1603
URL　http://www.business-sha.co.jp/

〈カバーデザイン〉大谷昌稔
〈本文組版〉茂呂田剛（エムアンドケイ）
〈印刷・製本〉モリモト印刷株式会社
〈編集担当〉本田朋子　〈営業担当〉山口健志

ISBN978-4-8284-1876-6

ビジネス社の本

余命半年の中国経済
これから中国はどうなるのか

渡邉哲也……著

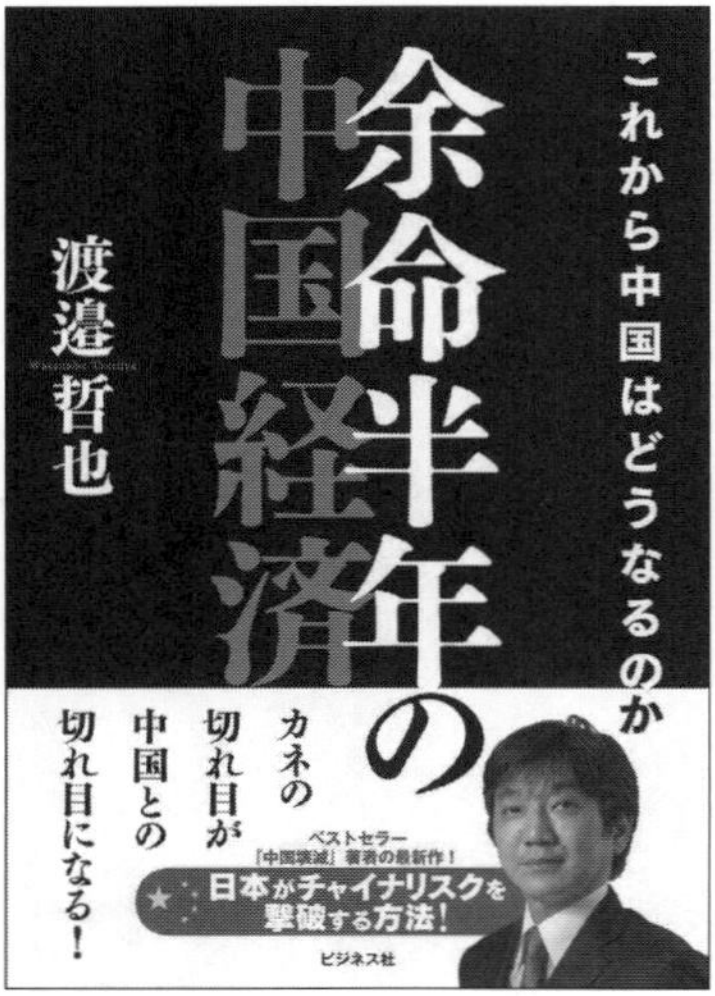

定価　本体1300円＋税
ISBN978-4-8284-1845-2

カネの切れ目が中国との切れ目！

これから「もっと」スゴイことになる中国経済！
天津の大爆発、金融政策、ドイツとの関係、日本企業の撤退と、多くの問題を抱える中国の経済を追う！

本書の内容